모든 단어 하나하나에 魂(혼)을 불어 넣고
모든 단어 하나하나에 心(심)을 불어 넣고
모든 단어 하나하나에 愛(애)를 불어 넣어라!

魂(혼)이란 강사로서의 정신이며
心(심)이란 강사로서의 진정성이고
愛(애)란 강사로서 청중을 위하는 마음이다.

이 책을 최고의 강사 _____님께 드립니다.

넘볼 수 없는 차이를 만들어 주는

강의의 기술

넘볼 수 없는 차이를 만들어 주는

강의의 기술

최창수 지음

강사에게는 강의에 새로움을 접목시키는 용기가 필요하다

세상에 존재하는 수많은 업(業) 중에서도 익숙함과 새로움의 조화를 가장 잘 이루어내야 하는 직업이 강사이다. 어떤 대상을 만나더라도 익숙한 주제와 내용으로 승부하는 것만큼 강사로서의 필승 전략은 없다. 익숙하다는 것은 그만큼 강의 내용에 대해 자신감이 있다는 것이며 그 어떤 돌발상황에서도 유연하게 대처할 수 있다는 것과 같다.

하지만 익숙한 것에 익숙해져 새로운 것을 강의에 접목시키지 않는다면 강사로서의 생명력 역시 단기간에 종료될지도 모르고, 최악의 경우 내가 느끼지 못하는 사이에 '꼰대 강사'로 낙인찍혀 있을지도 모른다. 그래서 강사는 항상 자신의 강의에 새로움을 접목시키는 용기를 내야 한다. 익숙한 것으로 청중을 들었다 놨다 하며 새로운 것으로 청중에게 신선함을 주어야 한다. 같지만 달라야 한다는 마케팅 전략처럼 익숙하지만 새로운 강의를 만들어가는 것은 강사로서의 숙명이자 책임이다.

　오늘도 우리는 새로운 것을 보고 느끼고 있다. 삶이란 매 순간이 새로운 것이기 때문이다. 보고자 하면 보일 것이고 보지 않으면 아무것도 보이지 않는다. 오늘 나는 강사로서 무엇을 새롭게 보았고 무엇을 내 강의에 새롭게 넣어보고자 하는가? 익숙함과 새로움을 조화시킬 수 있는 힘! 그것이야말로 2020년대의 강사가 살아남는 방법이며 자신의 강의 분야에서 인정받는 길이라 생각한다.

　또한 강사는 항상 역지사지의 마음으로 강의를 준비해야 한다. 역지사지의 마음을 품은 채 항상 3가지의 질문을 스스로에게 던질 수 있어야 한다.

어떤 강의를 듣고 "와, 강의 정말 재미있다"라는 생각을 했는가?
어떤 강의에 감동을 받았는가?
어떤 강의를 들었을 때 지식을 잘 전달 받았는가?

　그렇다면 이제 내가 준비하고 있는 강의에 위의 질문들을 접목시켜 본다. 계속 언급하는 '재미'는 단지 웃기는 것만을 의미하지 않는다.

내가 하려는 강의는 내가 들어도 재미있는가?
청중에게 감동을 줄 수 있는 포인트가 있는가?
지식을 집중도 있게 잘 전달하고 있는가?

스스로가 만족할 만한 강의가 아님에도 불구하고 청중 앞에 선다는 것은 스스로 자신의 가치를 떨어뜨리는 것이고, 청중을 기만하는 것이다. 그러나 사실 이 3가지 질문에 100% 만족할 정도로 준비를 해서 강의에 들어가는 경우는 그렇게 많지 않다. 그러나 최소 2가지 이상을 만족시킬 수 있다면 최고의 강의까지는 아니어도 청중이 만족할 정도의 강의는 만들 수 있다. 2가지조차 만족하지 못한 채 강의를 해야 한다면 차라리 강의를 하지 않는 용기가 필요하다. 이것이야말로 청중을 위한 가장 최소한의 예의다.

이 책은 강의를 처음 하는 사람들에게 길잡이가 되어주고, 강의 초보자, 한 회사의 대표자로서 처음 강의를 하게 되는 분들에게는 언제 열어봐도 도움이 되는 참고서, 사내 강사분들에게는 반드시 읽어봐야 할 강의 교본처럼 읽히길 바란다. 내 26년의 강의 노하우를 모두 푼 책이다. 아무쪼록 대중 앞에 설 기회를 마련한 모든 강사님들을 응원하며 이 치열한 강의시장에서 자신만의 콘텐츠와 무기로 우뚝 서기를 바란다.

CLASS 02

쉽게 배워서 실전에 바로 써먹는 강의 기술

CLASS 03

어떤 주제와 상황에도 성공하는 강의 훈련법

CLASS 04

청중에게 사랑받고 오래 살아남는 강사의 비밀

CLASS 05

강의를 더욱 재미있게 만드는 11가지 SPOT

에피소드 제주도는 싫어요!

부록

강사라면 반드시 알아야 할 것들

CLASS
01

청중이 환호하는 강의는

무엇이 다를까

10을 보여주기 위해
100을 준비한다

지난 26년간 강의를 해오면서 종종 묘한 희열을 느낄 때가 있다. 가장 커다란 희열을 느끼는 순간은 뭐니 뭐니 해도 준비하느라 쏟은 에너지와 땀방울만큼 강의가 잘 이루어졌을 때인 듯싶다. 삶속에서도 힘들고 고통스러움이 큰 만큼 그것을 이루어 냈을 때의 성취감이 더 큰 것처럼 말이다.

최근 다산 정약용의 삶을 토대로 청렴 강의 특강을 제안받았다. 그동안 내가 해오던 주제의 강의가 아니어서 담당자의 말이 끝나자마자 고사했지만, 그는 내가 아니면 안 된다며 꼭 부탁한다고 사정했다.

"제가 강사님의 강의 스타일을 알기 때문에 부탁드리는 거예요.

다산 정약용의 삶과 '청렴'이라는 주제를 잘 섞어서 강사님의 스타일대로 풀어주시면 됩니다. 부탁드려요!"

나는 결국 거절하지 못하고 강의를 수락하고 말았다. 그 후 고통의 시간이 나를 찾아왔다. '무엇을 준비하여 무엇을 말씀드려야 할까?' 잠시의 고민 끝에 발로 뛰기부터 시작했다. 다산 정약용의 유적지를 찾아가 4시간여를 홀로 돌아다니며, 꼼꼼히 읽고 또 읽었다. 두 바퀴를 돌며 특강 스토리 라인을 잡고, 세 바퀴째를 돌며 중요 내용의 사진 촬영을 했다. 사무실로 돌어와 강의 PPT를 만들고, 몇 번의 리허설도 모자라 자면서까지 이미지트레이닝을 했다. 마침내 그 노력과 고통의 결과는 좋은 강의로 이어졌다. 마치 다음의 공식처럼 말이다.

노력 + 고통의 크기 = 성취감

(사실 +가 아니라 ×가 되어도 무방하다.)

큰 규모이든 작은 규모이든 낯선 사람들 앞에서 강의를 해야 하는 분들에게 꼭 이 말을 전해주고 싶다.

"강의 제안을 수락한 그 순간부터 강의장에 들어서는 순간까지 계속 준비하고 또 검토하고 더 좋은 내용으로 보충하고, 연습하는 이 노력과 고통의 대가는 반드시 가슴에 희열을 가져다주는 큰 결과로 찾아올 것입니다."

오늘도 만나게 될 새로운 청중들을 위해 익숙한 내용도 더욱 철저히 준비한다. 만약 익숙하지 않은 내용이라면 더욱 죽기 살기로 준비하는 것이 몸에 배었다. 그것이야말로 나를 바라보는 수십 쌍의 초롱초롱한 눈망울을 가진 청중에게 보은하는 것이기 때문이다.

강사의 열정이 청중을 감동시킨다

2011년 무렵, 경주에서 약 80명의 청중들과 함께 5시간 동안 조직활성화에 대한 강의를 진행했다. 아마도 벚꽃이 가장 아름답게 피던 4월 초였을 것이다. 아름다운 벚꽃길을 달려 강의장에 도착하니 식사를 마친 교육생들이 한 명 한 명 착석하고 있었다. 서둘러 노트북을 열고 강의 준비를 마친 나는 따뜻한 차 한잔으로 마음을 다스리며 담당자의 소개를 기다리고 있었다. 시작 시간이 되면서 담당자가 마이크를 잡고 서서히 무대 중앙으로 나아가 식사 맛있게 드셨는지 등을 물으며 나를 소개하기 위해 분위기를 잡아갔다. 이때 갑자기 작지만 강한 '펑' 소리가 내 귓가를 스쳤다.

마이크를 비롯한 음향은 먹통이 되었다. '하늘도 무심하시지, 어쩜 강의 시작 바로 전에 음향시스템에 이상이 생겨버린 것일까?' 걱정하고 있는데, 시설 담당자가 달려와 점검을 하면서도 최소 한두 시간은 걸릴 것 같다는 말을 전해주었다. 순간 무슨 깡인지 나는 담당자에게 "괜찮습니다. 오늘은 마이크 없이 진행해 보겠습니다"라는 의견을 말했다. 담당자는 인원이 꽤 많기도 하고 강의 시간이 무려 5시간이라 무리가 될 거라고 걱정해주었다. 나는 목밖에 더 쉬겠냐는 말로 자신감을 내비쳤다.

그렇게 그날 강의가 시작되었다. 아무리 교육생들이 상황을 이해하고 협조를 해준다 해도 80명을 앞에 두고 5시간 동안 생목소리로 강의한다는 것은 사실 쉽지 않다. 게다가 서로 소통하고 공감하며 파이팅해야 할 조직활성화 프로그램에서는 더욱이나 어렵다. 강의 내내 정말 목이 터져라 외치고 또 외쳤다. 강의가 끝나니 셔츠가 흠뻑 젖어서 손으로 짜내면 땀방울이 흐를 정도였다. 물론 목소리도 거의 나오지 않을 정도의 상태가 되었다.

드디어 강의의 하이라이트를 청중에게 전하며 마지막으로 인사를 드리는데, 모든 교육생이 일어나 내게 기립박수를 쳐 주었다. 기업교육 강의를 하면서 모든 청중에게 기립박수를 받았던 유일한 순간이었다.

때로는 내용보다 강사의 열정이 청중을 감동시키기도 한다. 청중은 강의내용의 탄탄함과 흥미진진한 전개에서 첫 번째로 감동을 받고, 강사의 열정이 가슴과 가슴으로 전해졌을 때 두 번째로 감동을 받는다. 청중을 감동시키고 청중을 더 빛나는 삶으로 이끌어 갈 수 있는 강의를 하고자 한다면 강의 순간, 내 모든 에너지를 쏟아내고 불태워야 한다.

강의의 기술

최상의 컨디션으로
무대에 선다

강의 시작 10~15분 전에 도착하는 강사가 있다면 둘 중 하나의 이유 때문이다. 프로가 아니거나 자만에 빠져 있거나…. 1시간의 특강을 맡으면 시작 전 30분, 마친 후 30분까지 합쳐서 실제 강의 시간은 2시간이라고 생각해야 한다. 강의시간에 타이트하게 도착해 강의 세팅을 마치고 숨 고를 시간도 없이 바로 강의에 들어가는 것은 기본적으로 청중에 대한 예의가 아니다. 아무리 같은 내용으로 수백 번을 강의했던 주제라도 만나는 청중은 매번 다르다. 가장 최상의 컨디션으로 무대에 서야 한다. 일찍 도착해 강의 준비를 하면 생각도 못한 다양한 이점이 있다.

첫 번째로는 강의장에 익숙해진다는 점이다. 강의장에 익숙해진다는 것은 강의 공간을 나의 홈그라운드로 만든다는 의미에서 중요하다. 낯섦이 주는 두려움을 익숙함으로 바꾸어 편안함과 자신감을 갖게 한다. 두 번째는 청중과 친해질 수 있는 시간을 확보할 수 있다는 점이다. 강의 준비를 마친 후 앞에 앉아 있는 청중과 차 한잔하면서 인사를 나누다 보면 강사에게 친밀감을 가진 누군가를 청중 속에 심어놓을 수 있다. 세 번째는 놓치고 있는 부분을 발견할 수 있다는 점이다. 사전에 니즈를 파악하고 강의 준비를 했더라도 혹시 놓쳤을지 모를 중요한 포인트를 발견하게 되기도 한다. 게다가 강의를 마쳤다 해도 강의가 끝난 것은 아니다. 강의가 종료되는 시점은 강의 장소에서 최소 1킬로미터는 벗어난 지점이라는 것을 확실하게 인식하도록 하자.

강사로 활동하다 보니 주변에서 "나도 멋진 강의를 하고 싶다, 어떻게 하면 남들 앞에서 강의를 잘할 수 있나, 강의력을 높이고 싶다"라는 고민으로 질문을 많이 받곤 한다. 그렇다면 반드시 기억해야 할 것이 있다. 바로 자존감과 강의력은 절대적으로 비례한다는 사실이다. 강사에게 자존감은 매우 중요하다. 자존감이 하락하면 좋은 강의가 나오기 어렵다. 그래서 강사는 매 순간 자존감을 끌어올려야 한다. 자존감에는 '상대적 자존감'이라는 것이 존재하는데, 내 앞에 앉은 청중이 사회적 지위가 높다거나 명성이 높다거나 나이가 많다는 이유로 강사의 상대적 자존감이 낮아진다면 그 강의는 하나마나 좋지 않은 쪽으로 진행될 것이다. 하지만 그 누구

강의의 기술

를 만나든, 그 어떤 누가 청중으로 내 앞에 앉아 있든 "내가 왕이다!"라는 태도를 가진다면 결단코 상대적 자존감이 낮아지지 않는다.

청중을 포용하는 마음의 크기를 가져라

이렇듯 강의 내용이 주제에 맞고 충실한 것도 아주 중요하지만, 강사 입장에서 청중을 어떻게 대하는지도 참 중요한 요소이다. 사실 강사와 궁합이 딱 들어맞는 청중만 만난다면 얼마나 좋을까마는, 현실은 절대 그렇지 않다. 만약 강의 현장에서 나의 이야기를 경청하지 않고 분위기를 지속적으로 흩트리거나 절대적 안티 성향을 지닌 청중을 만난다 해도 강사는 끝까지 그 사람을 놓아서는 안 된다. 물론 다수의 청중을 위해 그 사람을 애써 무시하며 강의를 진행할 수는 있다. 그렇다 하더라도 내 마음속에서는 절대로 놓으면 안 된다. 아무리 그 사람이 밉고 싫다 할지라도 내 마음에서 그 사람을 포기하는 순간, 그 마음은 곧 강사의 무의식적인 행동으로 보이게 될 것이고 그 결과 그 사람은 더욱 큰 부정적 안티가 되어 강사에게 치명타를 날릴 것이기 때문이다.

청중과 강사가 함께하는 시간만큼은 강사의 마음이 마치 왕처럼 넓어져야 할 필요가 있다. 반응에 상관없이 모든 청중을 포용하는 마음의 크기를 가져야 한다. 강의 현장에서 만나는 수많은 사람은 성격도 다르고 가치관도 다르며 강의에 참여하는 자세도 다르다. 강사가 강의장에 들어선 순간 강의장 안의 모든 사람이 내가 보듬어야 할 아버지요, 어머니이며 형이고 누나다. 가족이라고 생각하기가 힘들면 나를 믿고 의지하는 동생과 같이 소중한 사람이라고 여겨도 좋다. 그 마음이 그날의 강의 분위기를 긍정적으로 이끌어 줄 것이다. 자신의 이야기를 누구나 자유롭게 꺼낼 수 있는 요즘 같은 때에 누구나 강의를 할 수 있지만, 아무나 강사가 되기 어려운 이유이기도 하다.

03

자신만의
무기가 있다

강의를 잘하는 사람들은 많다. 하지만 본인만의 시그니처를 제대로 살릴 줄 아는 강사는 많지 않다. 이 말은 곧 강사로서 나만의 시그니처를 확고하게 가지고 있다면 강의시장에서 살아남을 수 있다는 뜻이기도 하다. 시그니처란, 간단하게 표현하면 '대표적인 특징'이다. '이 사람(이곳)' 하면 바로 떠오르는 것들을 말한다.

'이 사람 하면 바로 떠오르는 것이 있다.'

'이 기업 하면 바로 떠오르는 것이 있다.'

'이 상품 하면 바로 떠오르는 것이 있다.'

여러 분야의 강의를 할 수 있더라도 강사라면 본인만의 시그니처 강의 분야가 확고하게 잡혀 있어야 한다. 자신의 시그니처 강의가 확실하게 자리 잡으면 시그니처 강의를 중심으로 다양한 분야의 강의가 곁가지로 파생되어 나아갈 수 있기 때문이다. 이것이야말로 강의시장에서 오래가는 비결이고 강의시장에서 독보적인 존재로 우뚝 서는 비법이다. 더 나아가 본인의 시그니처를 만들 때 추가적으로 생각해야 할 것들이 있다. 그중에서 비교적 중요한 3가지만 여기서 언급한다.

첫째, 강의 분야에서 시그니처 강의를 만들라는 것이다. 조직활성화, 리더십, 시간관리, 목표설정, 조직문화 등 수많은 강의 분야에서 '아무개' 하면 바로 떠오르는 시그니처 강의 분야를 만드는 데 모든 역량을 쏟아부어야 한다. 단, 철저하게 고객 관점에서 말이다.

둘째, 강의 스타일에서도 시그니처를 만들라는 것이다. 이해하기 쉽게 설명하자면 '이 사람 강의는 재밌다, 신명 난다, 논리적이다, 퍼실리테이터로서 최고다, 게이미피케이션의 최고봉이다, 감성 충만하다' 등으로 표현될 수 있는 시그니처 스타일을 만들라는 것이다. 다른 강사들과 같은 내용, 같은 스타일로 강의를 한다면 고객은 이름값이 더 높거나 강사료가 낮은 강사를 선택할 수밖에 없다. 시그니처 스타일은 바로 고객이 '나'를 선택할 수밖에 없도록 하는 강력한 힘이 되는 것이다.

셋째, 시간의 투자를 극복하라는 것이다. 시그니처는 브랜드와도 같다. 하나의 시그니처가 고객에게 확실히 인식되려면 장시간

강의의 기술

의 노력과 부딪힘이 있어야 한다. 짧게는 몇 개월에서 몇 년이 걸릴 수도 있다. 시간의 투자를 힘겨워하지 말고 극복해내야 한다. 얼마나 치열하게 시간을 투자하는가에 따라 시그니처 강의의 품격이 달라질 것이다.

강의를 잘하는 사람은 자기만의 스타일이 있다

강의를 정말 잘하는 사람들은 모두 자신만의 강의 스타일을 가지고 있다. 자신만이 낼 수 있는 색깔이 있는 것이다. 강의를 정말 잘한다는 강사들을 모으고 모아 똑같은 주제, 똑같은 강의 내용을 주더라도 청중이 받아들이는 느낌은 다를 수밖에 없고, 전혀 다른 평가를 받을 수밖에 없다.

가끔 강사가 내 강의를 듣고 강의 PPT를 요청하는 경우가 있다. 강사가 강사에게 강의자료를 대놓고 요청하는 것은 매너가 아니기도 하고 사실 흔히 있는 일도 아니다. 그럴 때면 나는 씨익 웃으며 바로 건네곤 한다. 내 강의 PPT를 가져간다고 한들 나 이상의 퍼포먼스를 내기는 어려울 것이라는 확신이 있기 때문이다.

강의을 잘한다는 강사들을 가만히 살펴보면 강의 스타일이 완전히 다름을 발견하게 된다. 누군가는 논리적으로, 누군가는 감성적으로, 누군가는 열정으로 강의를 이끌어가면서 청중에게 어필한다. 훌륭한 강사는 자신의 강의 스타일을 정확히 알고 있다. '논리적인지, 감성적인지, 공감능력이 우수한지, 진행능력이 뛰어난지, 밝고 유쾌하게 가는 스타일인지, 진지하게 핵심을 파고들며 말하는 스타일인지' 등을 명확히 파악하고 적절히 활용할 줄 안다. 또한, 훌륭한 강사는 자신의 스타일을 정확히 꿰뚫고 그 강점을 더욱 발전시켜 나간다. 중요한 것은 나의 스타일만을 고집하는 것이 아니라 자신의 색깔을 확고히 하면서 나에게 부족한 색깔을 연마해 가미시킨다는 데에 있다.

청중에게 깊이 각인되는 훌륭한 강사가 되기 위해서는 누군가의 강의 스타일을 모방하는 것이 아닌 나만의 강의 스타일을 찾아내 살려가는 것이 중요하다. 타인의 가면을 쓴 채 따라 하며 강의하지 말고, 본인의 있는 그대로의 색깔을 맛깔스럽게 살려내는 것이 교육 시장에서 나라는 강사를 알리는 가장 큰 무기가 될 것이다.

강의의 기술

04

강의력이 뛰어난
사람들의 공통점

강의력이 뛰어난 사람들의 절대적인 공통점은 무엇일까? 바로 '자존감이 높다'라는 것이다. 모든 강의는 청중과의 기(氣) 싸움이다. 청중과의 기 싸움이 외부적 요소라면, 절대로 간과해선 안 되는 내부적 요소가 있다. 바로 나 자신과의 멘탈 싸움이다. 어떤 이유에서라도 마음이 복잡하거나 힘든 상황에서 강단에 오르는 경우를 만들어서는 안 된다. 이는 곧 강사의 자신감과 직결되기 때문이다. 강력한 콘텐츠, 뛰어난 강의 스킬, 풍부한 강의 경력이 있다해도 청중과의 기 싸움에서 지면 그 강의는 백전백패다. 강의장에 들어선 순간 청중의 기에 눌리느냐, 청중을 나의 기로 누르느냐는 결국 강의 결과로 이어질 수밖에 없다. 강의를 성공적으로 이뤄내는 사람들은 시작부터 완벽하게 강의장 전체를 자신의 기로 채워 버린다. 강의장 일부가 아닌 앞뒤, 바닥에서 천장까지 모든 영역을 자신의 기로 가득 채운다. 반면, 기가 약한 강사는 극히 일부만 자신의 영역으로 만들며 강의를 진행한다.

기는 강사의 덩치가 크고 작음, 목소리의 크고 작음, 청중의 인원이 많고 적음, 청중의 사회적 지위고하로 결정되는 것이 아니다. 기 싸움의 결정적 승패 요인은 멘탈에 있다. 강사의 자신감, 담대함이다. 담대함은 겁이 없고 배짱이 두둑함이며, 자신감은 스스로에게 자신이 있다는 느낌이다. 담대함과 자신감이라는 멘탈적 요인을 어떻게 가져가느냐에 따라 강연의 명암은 극과 극으로 나눠지게 된다. 자, 이를 토대로 청중과의 기 싸움에서 이길 수 있는 몇 가지 방법에 대해 적어본다.

첫째, 스스로 강의 내용에 대해 확신이 있어야 한다는 점이다. 청중에게 전달할 내용에 대해 나조차 확신이 없다면 기 싸움에서 확실하게 밀릴 수밖에 없다. 둘째, 앞에 서는 사람이 왕이라는 점을 상기하는 것이다. 대한민국에서 둘째가라면 서러워할 그 어떤 사람들이 내 앞에 청중으로 앉아 있다 하더라도 마이크를 잡는 순간만큼은 '강사가 왕'이라고 마음먹는다. 그러니 절대 겁먹을 필요도 없고, 긴장할 이유도 없다. 마이크를 잡는 그 순간 스스로에게 충분히 담대해져도 된다. 예를 들어, 마이크를 잡고 앞에 서서 청중에게 이렇게 요청해보라.

"옆에 계신 분의 손을 잡아 주시겠습니까?"

"지금 오른손을 잠시만 들어 주시겠습니까?"

청중은 어릴 때부터의 학습된 효과로 인해 자연스럽게 강사가 요청하는 것을 따를 수밖에 없다. 즉, 강사로 앞에 선 순간부터 내 말 하나에 청중을 좌지우지할 수 있는 엄청난 파워가 생기는 것이다. 내가 왕인데 세상 무서울 것이 무엇인가? 단지 마음으로 그렇게 생각하라는 것이지, 행동까지 거만하고 지시적이라는 것은 아니니 오해가 없기를 바란다. 셋째, 강의 시작 전 자신만의 루틴을 만들어 놓는 것이다. 야구 선수들이 긴장감 해소를 위해 껌을 씹는 것처럼 강연 전, 자신감 상승을 위해 나만의 루틴을 만들어 놓는 것도 좋다. 달달한 커피를 즐겨도 좋고, 시원한 물 한잔도 괜찮다. 평소에 좋아하는 긍정적인 문구를 정해 놓고 읽는 것도 도움이 될 것이다. 사랑하는 가족들과 기분 좋게 전화 한 통을 하는 것도 괜찮으며, 복식호흡을 통해 차분하게 마음을 가라앉히는 방법도 있다. 참고로 나는 강의 시작 전에 꼭 손을 씻는다. 언제부터였는지는 기억이 나지 않지만, 손을 씻으면서 속으로 '오늘 만나게 될 분들에게 잊지 못할 시간을 만들어 드릴 수 있도록 힘을 주세요. 강의를 마친 후 온몸이 탈진될 정도로 모든 에너지를 쏟아 내겠습니다' 하고 주문처럼 기도한다. 넷째, 강의 시작 전에 모든 청중을 최소 3번 이상 본다. 앞에서부터 뒤로, 뒤에서부터 앞으로, 좌에서 우로, 우에서 좌로, 강의장 전체를 싹 훑으면서 모든 청중을 눈에 담는다. 익숙함이야말로 긴장을 해소하는 데 최고의 무기 중 하나이다. 마지막으로 강연을 즐기는 마음으로 대하는 것이다. 긴장감을 즐기고, 청중이 나에게 보내는 기 싸움을 즐기자. 비록 등에 한 바가지 땀이 흘러 셔츠가 젖더라도, 청중의 돌발 질문에 당황하는 순간이 오더라도 갑자기 청중이 "화장실 좀 다녀오겠습니다"라고 해도, 강의 중간에 고객 회사의 대표이사가 오셔도 조급해하지 말고, 당황하지 말고 모든 순간을 즐겨보자.

자존감을 끌어올리는 방법

내 기준에서는 '자존감이 높다는 것은 자신감이 높다'는 말과 같다. 개인의 돈 문제, 사랑 문제, 사업 문제 등 그 어떤 이유도 강의장 안에서는 변명거리가 되지 않는다. 내 앞에 앉아 있는 청중은 힘든 상황에서 올라온 '나'라는 강사가 아니라 컨디션이 최고조인 '나'라는 강사를 보고 싶어 한다는 사실을 절대로 망각해서는 안 된다. 강의는 절대적으로 멘탈 싸움이다. 강의력과 자존감은 절대적으로 비례한다. 그럼 어떻게 강의에 앞서 자존감을 끌어올릴 수 있을까?

첫째, 강의와 강의 외적인 요소 사이에 철저한 구분을 지어야 한다. 강의에 들어가기 최소 2시간 전부터는 강의 외적인 요소를 철저하게 차단하는 것이 좋다. 오로지 2시간 후에 펼쳐질 강의만 생각하고, 자신의 멘탈을 끌어올리는 데 노력을 기울이는 것이다. 둘째, 하루 전부터 컨디션 조절에 최선을 다해야 한다. 예를 들면, 긴 수면 시간을 확보하거나 강의 전날에는 무조건 음주를 하지 않는 것 등이다. 본인만의 컨디션 조절 방법을 찾아 삶에 적용하는 것이 좋다. 셋째, 집 또는 사무실에서 강의 현장으로 출발하는 순간부터 에너지를 끌어올릴 수 있는 밝은 음악 등을 듣는 것이다. 좋은 기분을 유지하는 데 상당한 도움이 된다. 넷째, 강의에 앞서 각오를 다질 수 있는 나만의 기도문을 만드는 것이다. 다섯째, 자존감이 올라설 수 있도록 루틴을 짜보는 것이다. 강의 전에 가족과 통화하거나, 언제든지 전화하면 웃게 되는 사람과 전화를 한다거나, 좋은 문구를 읽고 시작한다거나, 달달한 커피를 마신다거나 등의 의식 혹은 루틴을 만드는 것도 좋다. 여섯째, '가화만사성'이라는 글귀를 항상 마음에 품자는 것이다. 강사에게는 절대적으로 필요하다고 생각한다. 강사에게 있어 배우자의 지지만큼 큰 힘이 되는 것은 없다. 좋은 강의를 하고 싶다면 무조건 배우자를 먼저 내 편으로 만들어야 한다. 일곱째, 절대 긍정을 유지하라. 이것은 강사에게 평생의 화두이고 숙제이다. 타인 앞에 서서 말로 사람을 변화시키고 성장시킨다는 것은 매우 숭고한 일이다. 이런 중한 일을 하는 사람의 마음이 어둡다면 어떻게 될까?

그래서 강사는 죽을 때까지 마음 훈련 속에서 살아야 한다. 어제도 절대 긍정, 오늘도 절대 긍정, 내일도 절대 긍정이다. 화려한 스킬, 탄탄한 콘텐츠, 강력한 메시지 다 좋지만, 이렇게 좋은 재료들이 있음에도 불구하고 요리사의 마음이 무너진 상태로 요리를 한다면 음식의 퀄리티와 맛은 당연히 떨어질 수밖에 없기 때문이다.

모든 이슈를
강의 소재로 활용한다

얼마 전 강사들의 모임에 참석한 적이 있다. 각자 한 사람씩 본인이 활동하는 분야와 함께 자신을 소개하는 시간이 있었다. 그런데 한 분이 자신의 차례가 되어 벌떡 일어나서는 본인의 이름으로 삼행시를 짓는 것이 아닌가.

'2020년대를 살아가고 있으면서 누구보다 트렌디해야 할 강사라는 분께서 삼행시라니⋯. 아직도 저렇게 자신을 소개하는 분들이 계시는구나.'

나는 진심으로 깜짝 놀랐다. '그럴 수도 있지'라는 생각도 있는 반면 나처럼 '올드하다'라는 생각을 가진 사람도 있다는 것을 알아야 한다. 나는 강사라면 누구보다 트렌디해야 한다고 생각한다. 그래서 끊임없는 공부가 필요하다. 그렇다면 트랜디한 강의 소스는 어디에서 찾아야 할까?

거창하게 논문을 뒤적일 필요도 없고 외국 신문이나 잡지를 볼 필요도 없다. 지금부터 내 강의를 트렌디하게 만들어 줄 강의 소스를 찾는 방법에 대해 소개해 본다. 참고로 강의 소스는 특정한 날을 잡아서 찾지 말고, 매일 같이 습관화시켜야 한다. 이유 불문하고 이것이 강사로서의 올바른 직업적 태도이기 때문이다.

관점부터 바꾸기

사실 세상 모든 것이 강의 소스이고 재료다. 어떻게 가공하느냐에 따라 엄청난 강의 콘텐츠가 만들어질 수 있다. 그렇기에 관점부터 바꾸자. 내가 보고, 듣고, 말하고, 체험하는 모든 것에 대해 하루에도 수십, 수백 번씩 질문을 던지자. '이것을 강의에 활용하려면 어떻게 해야 할까? 이 사람과의 대화를 강의에 넣을 수는 없을까?' 하면서 직접 보고 느낀 것들을 내 강의에 어떻게 활용할 수 있을지 고민하는 것이다. "가장 개인적인 것이 가장 창의적"이라는 봉준호 감독의 말처럼 강사의 개인적인 체험과 경험이 가장 창의적이고 트렌디한 것일 수 있다는 사실을 기억하자. 또 길을 걷다가 눈에 띄는 것들은 지체하지 말고 사진을 찍거나 메모하는 습관을 들이면 일상 속에서도 많은 강의 소스들을 얻을 수 있다.

또한 99%의 청중은 사례에 비교적 긍정적인 반응을 보인다. 실제 사례이면 더욱 호응이 좋다. 그러니 여기저기 돌아다니는 것을 즐기고, 많은 사람을 만나보는 것이 좋다. 강사라는 직업을 가지고 있다면 끊임없이 자신의 울타리를 벗어나 봐야 한다. 평소에 가 보지 않았던 곳에 가 보거나 다른 분야의 사람도 만나보고 특이한 음식도 먹어 보는 것이다. 기존에 알고 있던 것과 다른 것을 배우는 일에 인색하지 않고 다른 세대와 소통하는 것에도 적극적이어야 한다.

전 국민적인 이슈에 민감할 것

봉준호 감독의 〈기생충〉이 제92회 아카데미 시상식에서 4관왕을 차지했다. 누군가는 '아, 그런가 보다' 하겠지만 누군가는 이미 강의 콘텐츠로 뚝딱뚝딱 만들어 가고 있다. 봉 감독의 통역사로 활약한 샤론 최가 대단하다고 생각하는 것은 일반적인 사고이고, 누군가는 이미 샤론 최의 스토리로 강의 콘텐츠를 만들어 가고 있을 것이다. 유행어, 패션, 베스트셀러, 화제의 인물 등에 대해 항상 관심을 가지고 지켜보는 습관을 만들자. 무엇이든 그 자리에서 보고 끝내기보다 바로 기록하고 아이디어로 남겨두는 것이 중요하다.

강의를 한 편의
콘서트로 만든다

노래를 부르면서 작사와 작곡도 할 수 있는 가수를 일컬어 싱어송라이터(singer-song writer)라고 부른다. 강사도 다르지 않다. 자신의 콘텐츠, 즉 내용을 채울 수 있어야 하고, 자신의 색깔에 맞는 강의 스킬로 청중을 만나게 되니 싱어송라이터와 다르지 않을 게 무엇인가. 강의는 강사의 콘서트다. 그것도 혼자 준비하고 연출하고 공연해야 하는 단독 콘서트다. 강사 앞에는 이 콘서트를 보러 와준 수많은 청중이 앉아있고, 그들은 내 이야기에 숨소리를 죽여가며 경청하다가, 내 이야기에 눈물짓기도 하고, 내 이야기에 신이 나서 배꼽이 빠져라 웃기도 한다. 때로는 옆에 있는 사람들과 하이파이브를 주고받으며 함성을 지르기도 하고, 때로는 온몸이 땀에

젖을 정도로 움직이며 스트레스를 날려버리기도 한다. 형식만 다를 뿐이지 가수들의 콘서트와 다를 바 없다. 다만, 강의가 끝난 후 청중의 입장에서 다시 듣고 싶은 콘서트와 그렇지 않은 콘서트로 기억될 뿐이다. 어떻게 하면 청중에게 오래도록 기억에 남을 멋진 강의, 멋진 공연으로 만들 수 있을까?

나는 다음의 영상에서 그 답을 찾고 싶다. 하나는 '불후의 명곡'이라는 프로그램에 나와 '가족사진'이라는 노래를 열창한 영상이고, 다른 하나 '나는 가수다'라는 프로그램에 나와 '여러분'이라는 노래를 열창했던 가수 임재범의 영상이다. 뒤에 이어서 하려는 이야기는 꼭 영상들을 본 후에 읽으시길 바란다.

가수는 홀로 무대에 서서 오직 자신의 목소리로 승부한다. 관객은 가수의 목소리와 몸짓, 감정의 변화에 언젠가부터 자신을 싣고 함께 공감의 파도를 만들어간다. 가슴을 먹먹하게 만드는 감동에 모든 이들이 눈물을 흘리고, 무대가 끝난 후에도 그 감동의 여파가 사라지지 않고 공간을 짓누른다. 가수도 관객도 쉽게 그 여운에서 빠져나오지 못한다. 말 그대로 가수와 관객이 하나가 된 공연인 것이다. 강의도 강사와 청중이 하나가 되어야 완벽해진다. 매번 이러한 순간이 찾아온다면 좋겠지만, 아쉽게도 1년에 한두 번 있을까 말까 하다. 이 순간을 느껴 본 강사는 안다. 강의가 끝난 후에 찾아오는 엄청난 카타르시스와 오르가슴과도 같은 그 기분을 말이다.

강의를 콘서트로 만드는 비밀

그렇다면 어떻게 해야 우리의 강의를 콘서트로 만들 수 있을까?

첫째, 전체를 그리며 강의를 기획하는 것이다. 하나의 콘서트가 잘 진행되려면, 단순히 가수 한 명으로는 부족하다. 무대, 조명, 음향, 준비물, 게스트, 소품 등 이루 말할 수 없이 많은 요소가 조화를 이루어야 한다. 강의 내용만 잘 구성하면 된다고 생각하지만 절대 아니다. 강의 내용은 내가 만들어야 할 콘서트의 일부일 뿐이다. 스스로 자각하자. 나는 이 무대의 주인공이자 연출가라는 사실을 말이다.

둘째, 강의를 통해 전달하고자 하는 메시지를 정하는 것이다. 김진호의 '가족사진'은 가족 사랑을, 임재범의 '여러분'은 힘이 되는 관계를 메시지로 전하고 있다. 이처럼 내가 강의에서 전하고자 하는 강력한 하나의 메시지가 무엇인지를 확실하게 정해야 한다.

셋째, 나의 에너지를 메시지와 일치시키는 것이다. 완전히 몰입해야 한다. 강사가 청중에게 전하고자 하는 메시지의 완벽한 전달을 위해 나의 에너지를 일치시켜야 한다. 마치 가수가 자신이 부르는 노래에 흠뻑 빠져 물아일체가 되는 것처럼 나와 내 강의가 하나가 되어야 청중을 압도할 수 있고, 청중이 나의 에너지에 빠져들게 만들 수 있다.

넷째, 강의를 노래하듯 하라는 것이다. 흔히 보컬을 가르치는 사

강의의 기술

람들이 수강생에게 가장 많이 하는 말이 "말하듯이 노래하라"라는 것이다. 우리는 반대로 노래하듯이 강의해야 한다. 가수는 도레미 파솔라시도의 음계에 소리와 감정을 실어 관객에게 노래로 들려준다. 강사는 목소리에 힘, 즉 강약의 조절, 톤의 높고 낮음, 스피치 속도의 빠름과 느림, 눈빛의 변화, 감정의 깊이 등으로 노래하듯이 강의를 하는 것이다. 1분이 아니라 1초 단위로 철저하게 쪼개고 쪼개서 강의를 준비하고, 숨 쉬듯 편안하게 강의하기 위해 연습하면 된다. 마치 연극무대에 올라서는 명연기자가 대본이 다 너덜너덜해질 정도로 보고 또 보고, 대사 하나를 연구하고 또 연구하는 것처럼 강의를 1분 1초로 나누어 보고 또 보고, 연구하고 연습하는 것이다.

마지막으로 다섯째, 쇼맨십이 아니라 진정성으로 다가가라는 것이다. 가수 김진호나 임재범이 이 무대에서 공감을 일으키고 박수갈채를 받을 수 있었던 배경은 쇼맨십이 아니라 진정성을 가지고 노래했기 때문이다. 진심이 청중에게 전달된 것이다. 그럼 누군가 내게 이렇게 질문할 수도 있다. "퍼포먼스가 주인 공연 같은 강의는 쇼맨십이 더 중요한 것 아닌가요?" 하고 말이다. 결국 퍼포먼스 강의도 진정성이 우선이다. 진정성을 가지고 퍼포먼스를 하는 것과 퍼포먼스 강의에 진정성을 넣는 것은 순서의 차이뿐만 아니라 진실과 가식을 구분 짓는다. 매 순간 강조하지만, 그 어떤 강의 스킬도 뛰어넘는 가장 최고의 스킬은 바로 진정성이다.

'콘서트와 같은 무대를 어떻게 준비하고 또 어떻게 공연하는가'
에 따라 언더그라운드 강사로 쭈욱 가게 될 것인가, 아니면 대중의
사랑을 받는 스타 강사가 될 것인가가 갈리게 될 것이다.

강의를 빛나게 하는
3가지 기술

우리나라만큼 숫자 3을 좋아하는 민족도 드물다. 별의별 표현에 '3'이라는 숫자가 들어가는 걸 보면 말이다. 그런데 이 '3'이라는 숫자가 강의에도 기가 막히게 적용된다. 실제로 청중은 강사가 주제를 3가지로 요약해서 설명할 때 가장 잘 기억하며 주장을 펼칠 때에도 3가지 근거를 대면 이상하리만치 신뢰감을 갖는다. 즉 강의를 준비하며 모든 사항에 3을 적용할 수는 없지만 가급적 3의 법칙을 적용해서 강의를 준비하는 것이 효과적일 때가 있다.

〈3의 법칙 적용의 예〉

1. 주장에 대해 3의 법칙을 적용하여 3가지 근거를 펼친다.

2. 강의에 가장 중요한 핵심 키워드를 3가지로 만든다.

3. 워크숍 형태로 진행할 경우 3팀 이상으로 편성한다. 두 팀으로 나누면 중재가 없는 경쟁모드로 갈 위험이 있다.

4. 강사가 질문하고 청중이 답할 경우 답변자를 3명으로 한다.

5. 규칙 또는 기준을 정할 때는 3가지로 정한다.

6. 게임이나 활동 등에 대한 피드백을 줄 때 역시 3가지로 말한다.

강사로 초빙되어 강단에 서는 순간부터 긴장감을 놓을 수 없다. 전투에 비유하면 공격하는 쪽은 강사이고, 수비하는 쪽은 청중이다. 일반적으로 타의에 의해 참여하게 된 청중일수록 수비력이 높다. 타의에 의해 참여하게 되는 청중이란 어쩔 수 없이 참여하는 청중을 의미하며, 보통은 회사에서 받으라고 하여 교육을 받으러 온 교육생들이 여기에 속한다. 반대로 자발적 선택에 의해서 참여하게 된 청중은 강의에 대한 호기심과 집중력이 높다. 이들은 자비까지 들여가며 스스로 교육을 선택하고 참석하기에 강의를 통해 본전 이상의 것을 가져가고자 하는 욕구가 크다. 이들에게는 이제부터 말할 강의를 빛나게 만드는 3가지 기술 중 한 가지만 만족시켜 주더라도 엄청난 호응을 이끌어 낼 수 있다.

강의의 기술

강의를 빛나게 하는 첫 번째 기술, FUN

청중의 눈높이가 상상을 초월할 정도로 높아지고 있다. 청중은 재미있는 강의, 감동을 주는 강의, 배울 것이 있는 강의를 좋아한다. 만약 이 3가지 중 아무것도 얻지 못하면 '지루했다, 가슴에 파고드는 것이 없었다' 등 냉정한 평가를 내린다. 청중이 어떠한 강의에 재미를 느끼는지를 알기 위해서는 '나는 어떤 강의를 재미있다고 생각하는가' 하고 역지사지로 자신에게 물으면 된다. 그러기 위해서는 1분 1초까지 세밀하게 강의를 구성해야 한다. 청중이 지루하다고 여긴다는 것은 그만큼 강의 준비에 치밀하지 못했다는 것이다. 또 청중의 감정을 컨트롤 할 수 있으면 재미가 배가 된다. 강사가 전달하는 내용이 청중의 눈과 귀를 통해 들어가 머리에 입력된 후 감정으로 흘러간다는 사실을 인식해야 이 부분을 이해할 수 있다. 즉 강사가(내가) 말하는 모든 내용의 종착지는 청중의 감정 속이다. 60분이라는 긴 시간 동안 지루하지 않은 강의, 몰입되는 강의, 재미있는 강의가 되려면 청중이 다양한 감정을 느낄 수 있도록 해야 한다. 웃게 만들었다가, 가슴을 따뜻하게 했다가, 새로운 지식을 충족시켜 주었다가, 청중끼리 같이 소통하며 무엇인가를 해내다가, 다시 강사에 집중하다가… 이렇듯 다양한 감정을 느끼게 할 수 있다면 강의는 충분히 재미있어진다.

강의를 빛나게 하는 두 번째 기술, 공감과 감동

어떤 강의라도 강사와 청중 사이에 공감이 제대로 형성되지 않으면 청중은 좋은 강의를 들었다고 생각하지 않는다. 반대로 말하면 강사와 청중 사이에 제대로 공감이 이루어지면 좋은 강의가 된다는 말이다. 이러한 공감을 잘 이루기 위해서는 강사가 자신의 감정을 잘 나타낼 필요가 있다. 일반적으로 감정을 표현하는 한국어는 약 430여 종이며 이 중 쾌의 단어가 28%, 불쾌의 단어가 약 72%를 차지한다. 뛰어난 강사라면 이 중에서 기쁨, 즐거움, 슬픔, 분노, 진지함의 5가지 감정에 대해서는 적절하게 표현하는 연습을 해두어야 한다.

청중의 앞에 서는 강사는 청중보다 딱 10% 오버한다는 마음으로 감정을 표현해야 한다. 그 이상의 오버는 '조금 과한데? 강사가 너무 오버하는 거 아니야?' 하는 청중의 거부반응을 이끌 뿐이다. 청중보다 조금 더 기뻐하고, 조금 더 즐거워하고, 조금 더 슬퍼하고, 분노하면 된다. 가슴을 때려주는 메시지를 전달할 때는 청중보다 조금 더 많이 진지한 감정으로 강연을 해야 한다. 사실 10%라는 기준이 애매한 것은 사실이다. 이에 대한 해답은 결국 또 '연습' 밖에 없는 것 같다. 전달하고자 하는 멘트에 감정을 넣어 연습을 통해 적정선의 감정을 캐치해보자. 어느 정도의 감정 깊이에 들어갔을 때, 강사 본인도 감정의 중심을 잡으면서 청중에게 감정의 파동을 전달할 수 있는지를 파악하는 것이다.

강의라는 것은 결국 사람과 사람 사이의 소통이며, 사람은 이성과 감성을 동시에 가지고 있는 존재라는 것을 기억해야 한다. 좋은 강의는 청중의 이성과 감성을 동시에 터치한다.

강의를 빛나게 하는 세 번째 기술, 콘텐츠

이름만 들어도 누구나 알 만한 스포츠 스타, 인기 방송인, 자신의 분야에서 큰 업적을 남긴 사람, 최초의 기록에 도전해 성공한 사람 등 다양한 분야에서 대단한 스토리를 만들어낸 사람들이 전국을 순회하며 강의를 하곤 한다. 그러나 아무리 대단한 스토리가 있다 해도 모두가 명강의인 것은 아니다. 보통 전국을 1~3년 정도 한 바퀴 돌고 나면, 더 이상 찾는 곳이 없는 사람들도 수두룩하다. 그 이유는 무엇일까?

바로 레퍼토리에 변함이 없다는 점 때문이다. 더 큰 문제점은 어떤 곳에 강의를 가더라도 철저한 청중 분석 없이 자신이 가지고 있는 레퍼토리로만 강의를 한다는 것이다. 일부는 아예 새로운 교육 콘텐츠를 개발해내는 능력이 부족한 사람도 있다. 앵무새처럼 같은 이야기를 매번 반복한다. 적어도 청중에 대해 깊은 관심을 가지고, 강의 때마다 그들이 관심을 가질 만한 콘텐츠를 찾아내 강의에 활용했다면 강의시장에서 장수하게 되었을지도 모른다.

　60분 강의를 완벽하게 구성했다 하더라도 매 순간 우리가 만나야 하는 청중은 달라진다. 업종, 직급, 연령대, 성별까지 다르다. 탄탄한 콘텐츠는 기본이고 대상에 따른 관심 소스를 찾아 그 콘텐츠에 입히는 것은 가지에 꽃을 피우는 것과 같은 일이다. 철저하게 달라진 청중을 분석하고 끊임없이 생각해야 한다. 따라서 강사는 끊임없이 강의 콘텐츠와 소재를 찾아 여행하는 탐험가와 같다. 다음에 만나게 될 청중을 위해 나는 오늘 무엇을 찾고 있는가?

08

'이것'이 없으면
절대 강의를 잘할 수 없다

다른 사람의 이야기를 잘 들어주지 못하는 사람은 절대 강의를 잘할 수 없다. 이것은 진리이다. 청중의 이야기와 소리, 감정 상태를 알아차리지 못하면 청중에게 감동을 주는 강의는 나올 수 없다. 오로지 일방적인 전달자의 역할만 하게 될 것이다. 강의를 진정 잘 하는 사람은 다음의 3가지를 강의 현장에서 집중하고 발휘한다.

첫째, 자신이 전달하고자 하는 내용에 대한 집중력
둘째, 청중의 심리 또는 감정 상태의 움직임에 대한 관찰력
셋째, 공감력

강의를 잘하는 사람은 자신이 전달하고자 하는 내용에 대한 집중력을 가지고 핵심 메시지의 흐름을 절대 놓지 않는 힘을 가지고 있다. 그 어떤 돌발 변수에도 굳건한 마음의 중심을 가지고 있으며 흔들림 없이 기승전결의 흐름을 이어간다. 또 자신의 의도대로 원하는 강의의 목적지를 향해 방향을 조정하면서 나아가는 힘이 있다. 반대로 강의력이 부족한 사람은 처음 시작과 달리 마지막에 다다랐을 때 원하는 목적지가 아닌 전혀 다른 곳에서 결론을 짓고, 식은땀을 흘리며 황급히 강의장을 벗어나게 된다.

강의를 원하는 방향으로 조정해 나가는 가장 쉽고도 강력한 방법은 질문이다. 순간순간 방향이 틀어질 때를 대비해서 다시 원하는 항로로 재진입할 수 있는 질문을 마련해 놓는 것이다. 방송에서 진행을 매끄럽게 잘하는 MC들을 보면, 기가 막힌 타이밍에 기가 막힌 질문들을 던지면서 프로그램을 원하는 방향으로 이끌어간다. 이것이 바로 질문의 힘인 것이다.

강의를 잘하는 강사는 청중의 심리 또는 감정 상태의 움직임을 초집중해 살피고 강의의 흐름을 만들어간다. 청중이 지쳐 보일 때는 다시 기운을 살릴 수 있는 강의를, 청중이 너무 들떠 있을 때는 차분하게 청중의 심리를 가라앉힐 수 있는 강의를 해 나간다. 예를 들어, 분위기가 너무 처진 것 같으면 긍정적인 기운을 불어넣어 줄 수 있는 음악이나 메시지의 전달, 동영상의 활용, 에피소드의 삽입 등을 통해 다시 한번 청중의 호기심을 끌어올린다. 강의 현장의 분위기를 무거운 느낌에서 가볍고 활기찬 기운으로 바꾸어 놓는 것이다. 반대로 청중의 심리가 너무나 들떠 있을 때는 목소리의 톤을 낮추거나, 잔잔한 음악과 함께 좋은 글을 낭독을 해주는 것도 좋은 방법 중의 하나이다. 청중에게 끌려가는 것이 아니라, 그들의 심리나 감정을 잘 잡아내 강사가 강연장의 분위기를 창조해나가야 하는 것이다. 그리고 이것이 가능하려면 공감력은 필수다. 청중은 강사의 진심을 전달받았을 때 깊은 감동을 받는다. 내 앞에 있는 청중의 행복을 바라는 마음, 성장을 바라는 마음이 진심으로 전해지려면 먼저, 내 앞에 앉은 청중을 단순한 청중으로 여기지 말고, 내 삶의 가장 소중한 사람들로 여기는 마음의 전환이 필요하다. 그리고 그 사람들이 무엇을 원하고 있는지, 무엇이 가장 힘든지, 무엇이 슬픈지, 무엇을 할 때 보람을 느끼고, 앞으로 무엇을 하고 싶어 하는지, 어떻게 행복한 삶을 만들어 가고 싶어 하는지, 삶의 중압감은 무엇인지, 과거에 어떠한 삶을 살아왔고 이겨내어 여기까지 왔는지 등을 말이다. 좋은 강사는 바깥으로 들리는 소리만을 듣지 않는다. 청중의 내면의 소리를 들으려 노력한다. 듣지 못하는 사람은 말을 잘할 수 없다. 어쩌면 이것은 단순히 좋은 강사가 되기 위해서만 필요한 것은 아닐지도 모른다. 누군가의 소리를 진심으로 듣는다는 것은 나를 행복하게 만들고 세상을 행복하게 만드는 가장 위대한 스킬일지도 모르기 때문이다.

09

강사는 항상 반걸음의
미래를 준비해야 한다

불과 10여 년 전만 해도 강사는 강의만 잘하면 어느 정도 먹고
사는 데 지장이 없었다. 그래서 수많은 강사가 강의 현장에서 교육
생들에게 변화와 혁신을 외치면서도 마치 자신은 평생직장에 다
니고 있는 양 안주하며 학자처럼 행세했다. 그 결과 수많은 강사가
자신이 감당할 수 없는 (말로는 천재지변이라 부르는) 사태를 겪게
되면 강사라는 업에 대해 회의감을 갖기도 하고, 위기를 극복하지
못한 채 다른 업종으로 피눈물을 쏟으며 이직하기도 한다.

청중들에게만 변화와 혁신을 외치지 말고 강사 스스로가 변화
와 혁신을 위해 치열하게 고민하고 행동해야 한다. 그러기 위해서
첫째, 착각의 늪에 빠지지 말자. 강사라는 직업은 혼자서 기획하고,

영업하고, 마케팅하고, 강의하고, 고객관리까지 해야 하는 1인 기업이다. 둘째, 언택트가 중요한 것이 아니다. 면대면이든 비대면이든 차별적 우위가 없다면 평생 아주 적은 최소의 강사료를 받으며 강의하는 강사가 될 수밖에 없다. 셋째, 남들의 시장에 들어가지 말고, 나의 시장을 만들자. 나만의 상품을 만들고, 나만의 고객을 모으고, 나만의 시장에서 비즈니스가 이루어지도록 해야 한다. 넷째, 밀도를 높여야 한다. 속이 빈 요란한 깡통이 되지 않도록 끊임없이 공부하고, 끊임없이 연구하고, 끊임없이 성찰해 가야 하는 직업이 바로 '강사'다. 다섯째, 매 순간 치열하게 고민하고 간절하게 부딪혀야 한다. '어떻게 하면 보다 더 좋은 강의를 할 수 있을까? 어떻게 하면 보다 재미있는 강의를 할 수 있을까?'를 생각해야 한다. 삶의 모든 순간이 다 강의 소재여야 하고, 삶의 모든 경험이 다 강의를 위한 공부가 되어야 한다. 간절한 마음으로 이 모든 것을 행하다 보면, 조금씩 조금씩 내가 원하는 강사로서의 꿈이 현실로 다가오고 있음을 느낄 것이다. 여기에 강사로서 '강의의 기술', 즉 강의력은 기본이다.

스타 강사가 되어야 한다

이 글을 쓰면서도 망설여진다. 대중이 생각하는 기준에서 스타 강사가 되지 못한 사람이 스타 강사가 되는 방법에 대해 논한다는 것 자체가 어불성설이 아닐까 고민되기도 하지만, 26년 동안 강사로 살아오면서 나의 강의 영역에서 인정받고 있는 만큼 허심탄회하게 스타 강사가 되는 방법에 대해 몇 가지 적어보려 한다. 우선 강사 레벨은 4단계로 나눠진다.

1단계 : 병아리 초보 강사
2단계 : 전문 강사
3단계 : 스타 강사
4단계 : Great People

병아리 초보 강사는 이제 막 강의시장에 뛰어든 1~3년 차 강사를 의미한다. 전문 강사는 4년 차 이상의 강사로 나름 교육시장에서 자신의 영역을 만들어 낸 강사들을 말한다. 스타 강사는 고객 입장에서 시장에서의 완벽한 퍼스널 브랜딩이 구축된 사람을 의미한다. 4단계 Great People은 스타 강사를 뛰어넘어 강의력으로 평가할 수 없는 사람들이며 경제적, 영적, 사회적으로 막대한 영향력을 행사할 수 있는 사람들이다. 대기업 CEO, 종교계의 최고 수장 등이 대표적 예다. 자, 그럼 스타 강사가 되는 방법은 무엇일까? 지금부터 스타 강사가 되기 위한 5가지 법칙을 소개한다.

첫째, 읽어라! 내가 강의하고자 하는 분야에서 만큼은 그 어떤 질문에도 막힘없이 말할 수 있도록 읽고 또 읽어라. 다양한 분야를 읽는 것도 좋지만, 스타 강사가 되기 위해 당분간은 나만의 독보적 분야를 무엇으로 할 것인지를 정하고, 그에 대해 집중적으로 파고들어야 한다. 둘째, 써라! 모든 스타 강사는 자신만의 확고부동한 콘텐츠를 가지고 있다. 콘텐츠는 무형의 지식과 경험을 유형의 상품으로 만들었을 때 비로소 콘텐츠로서 인정받을 수 있다. 가장 확실한 방법은 쓰는 것이다. 내가 가진 지식과 경험, 철학을 글로 쓸수 있어야 한다. 셋째, 공유하라! 모두를 만족시키겠다는 욕심은 철저하게 버리자. 나의 콘텐츠를 필요로 하는 사람, 즉 확실한 타깃 고객을 설정하여 그들에게 공유하자. 초기에는 콘텐츠를 통해 수익을 확보하겠다는 욕심을 버리고 아낌없이 퍼줘야 한다. 타깃 고객층이 나를 이 분야에서 확실한 전문가로 인정해 줄 때까지 말이다. 여기에서 스타 강사가 되느냐 일반 강사로 남느냐가 결정된다. 그 이유는 공유의 기간이 짧을 수도 길 수도 있기에 끈기와 지구력이 필요하기 때문이다. 우리가 알고 있는 대부분의 스타 강사들은 한순간에 일약 스타에 올라선 기적같은 존재들이 아니다. 짧게는 2~3년, 길게는 10년 이상 묵묵히 공유의 시간을 가졌던 사람들이다. 넷째, 마케팅에 파고들어라! 죽기 살기로 기승전-마케팅에 매달려야 한다. 가만히 앉아 기다리면 아무도 오지 않는다. 나를 알려줄 수 있는 사람이 있다면 대로변에서 바짓가랑이라도 잡고 물고 늘어질 정도의 독기로 마케팅에 사활을 걸어야 한다.

어떻게 나를 알려야 할까

첫째, 지속적으로 자신을 세상에 드러내라. 페이스북, 인스타, 블로그 각종 오프라인 모임 등에서 활발하게 소통하고 적극적으로 나를 어필하며 나의 전문성을 부각시켜야 한다. 둘째, 나를 알려줄 수 있는 사람들과 친분을 다져라. 가장 좋은 마케팅은 내가 나를 알리는 것이 아니라 다른 사람이 나를 자연스럽게 알려주는 것이다. 즉 타인이 나를 마케팅해 줄 수 있도록 만들어가야 한다. 셋째, 스토리를 만들어라. 잘되는 가게에는 이야깃거리가 풍부하고, 잘 팔리는 상품에는 스토리가 담겨 있다. 강사도 마찬가지다. 강사로서 나의 역사를 하나의 스토리로 만들어 보자. 대중은 스토리에 반응하고, 스토리를 기억하며, 스토리를 통해 당신과 가까워진다. 넷째, 확실한 타깃 시장을 선정하여 그 안에서 포지셔닝하라. "당신의 강의 전문 분야는 무엇입니까?"라는 질문을 받았을 때 즉각적으로 답변이 나와야 한다. 이것저것 다 하는 강사는 이제 시장에서 버티기 힘들다. 자신만의 확실한 강의 분야를 선정하고, 타깃 시장과 고객을 정하여 그 안에서 가장 강력한 1인자가 되어야 한다. 다섯째, 나를 좋아해 주는 사람들을 소중히 여겨라. 스타 강사가 되기 위해서는 삶 자체가 스타여야 한다. 스타는 자신을 좋아해 주는 사람들의 응원을 먹고 살아가는 존재다. 나를 좋아해 주는 사람이 있다면 이유불문하고 그들을 소중히 생각하자! 또한 가장 가까운 가족과 친구를 먼저 나의 팬으로 끌어당겨 오자. 가족과 친구의 지지와 응원을 받는 사람과 불신을 받는 사람은 에너지 자체가 다르다. 만약 가족과 친구가 나를 불신하고 자꾸만 포기하라고 유혹한다면 순간의 미운 감정으로 그들을 멀리하지 말고 최우선 순위로 이들부터 설득해 나의 팬으로 만들어야 한다. 가까운 이들조차 설득하지 못한다면 내가 만나야 할 수많은 대중은 더욱 설득하기 어렵다.

더욱 전문적으로 내가 가진 지식을 갈고닦아 글로 써서 공유함으로써 고객층을 확보하고, 마치 벼랑 끝에 서서 마지막 동아줄을 잡은 것처럼 마케팅에 매달린다면 분명 자신의 분야에서 TOP을 향해 올라가고 있는 자신을 발견하게 될 것이다.

3,000명, 그 앞에 서다!

나는 1999년 6월에 군대를 제대하고 바로 그해 7월에 NGO 단체인 흥사단에 입사하여 청소년 문화사업부에서 행사 기획 및 전문 MC로 활동을 시작했다. 복학하기 전에 등록금을 마련하고자 시작했는데 약 2년 동안 서울, 경기 지역을 돌아다니며 상상 이상의 많은 행사에서 MC를 볼 수 있었다.

당시 흥사단 청소년 문화사업부에서는 서울, 경기 지역의 초중고등학교를 대상으로 한 청소년 어울마당, 각 지역구별 청소년 문화의 밤 또는 청소년 페스티벌 등을 운영했는데, 이때 당시 약 2년 동안 최소 600회 이상의 MC를 보았으니 하루 평균 2회 이상 행사장에서 살았다고 해도 과언이 아니다.

그러던 어느 날, 밑도 끝도 없이 동료가 축하의 말을 건네주었다. 무슨 일인지 어리둥절했던 내게 동료는 당대 최고의 여성 MC였던 박소현 씨와 더블 MC로 무대에 서게 되었다는 소식을 전해주었다. 겉으로는 무심한 척했지만, 속으로는 큰 환호성을 내질렀다.

드디어 행사 날이 되고, 행사장소인 강서구의 OO공원에 도착하니, 지역방송국에서 촬영도 오고, 끝을 알 수 없을 정도로 많은

3,000석의 의자가 무대 앞을 채웠다. 전체 행사 진행표를 받아들고, 멘트를 작성하며 무대에 오를 준비를 하던 중에 드디어 그녀를 만날 수 있었다. 환한 미소로 다가와 오늘 잘 부탁드린다며 먼저 인사를 건네는 모습에서 정말이지 빠른 속도로 친밀감을 느낄 수 있었다.

박소현 씨에게 행사 진행표를 건네드리고 짧은 시간이나마 합을 맞춰본 후 드디어 우리는 무대에 올랐다. 그리고 그곳에서 난 정말 색다른 경험을 했다. 무대 정중앙에 서는 순간 무대 정면에서 우리를 향해 직격으로 서치라이트를 쏴 주었다. 그 불빛이 얼마나 강렬한지 보이는 것은 오로지 옆에 서 있는 박소현 씨뿐이었다.

"박소현 씨, 서치라이트가 비춰주니 앞이 보이질 않네요. 지금 우리 앞에 몇 분이나 와계실까요?"

나의 돌발 질문에 그녀는 위트 있게 답변했다.

"글쎄요. 여러분, 여러분의 함성소리로 저희가 몇 분이나 계신지 알고 싶습니다. 함성 한번 보내주실 수 있나요?"

그렇게 박소현 씨와 약 2시간 동안 '강서청소년페스티벌' MC로 평생 잊지 못할 추억을 만들게 되었다. 그날은 연예인과의 더블 MC뿐만 아니라 헤아릴 수 없을 만큼의 규모 덕분에 더욱 기억에 남게 되었다.

CLASS
02

쉽게 배워서 실전에

바로 써먹는 강의 기술

강의안 구성하기
강의의 중심을 잡고, 주장과 근거를 설정한다

언제나 반가운 강의 의뢰가 들어오고 나면 교육 니즈를 철저하게 파악한 후에 무엇부터 준비해야 할까? 가장 먼저 해야 할 것은 '강의의 중심'부터 잡는 것이다. 강의의 중심이란 바로 '강의 주제'를 말한다. 그렇다면 강의 주제는 무엇일까? 수많은 청중에게 들려주고 싶은 단 하나의 주장이다. 주장이라는 것은 강의를 통해 강사가 청중에서 설득하고자 하는 단 하나의 목표이다. 어떤 분야의 강의라도 강의에는 반드시 주장이 들어갈 수밖에 없으며, 모든 강의는 주장을 설득해 가는 과정이라 해도 과언이 아니다. 예를 들어서 '이 제품이 최고다, 우리는 서로 소통해야 한다, 우리는 서로 공감하며 살아가야 한다, 기술적인 지식을 전해줄 테니 공부하라, 시험을 잘 보기 위해서는 이러한 것들을 알아야 한다' 등등이다.

그래서 강의안을 준비할 때는 '내가 이 강의에서 청중에게 펼쳐야 할 단 하나의 주장은 무엇인가?'에 대해서 확실하게 중심을 먼저 잡아야 한다. 중심이 잡히면 전개해야 할 흐름이 나온다. 가장 쉽게 칼럼의 구성방식을 예로 들면, 칼럼 또한 저자의 주장을 독자에게 설득하기 위해 일반적으로 주장-근거-예시-주장의 구성으로 진행된다. 강의도 비슷하다고 볼 수 있다. 중심이 잡히면 그 주장을 설득시키기 위한 흐름을 구성할 수 있다. 다음의 항목을 토대로 시간을 쪼개고 쪼개어 각 시간대별로 집어넣을 자료와 사례 등을 삽입해 강의를 구성하면 된다.

> What - 무엇을 주장하려 하는가?
> Why - 왜 이 주장을 청중에게 해야 하는가?
>   이 주장을 받쳐줄 근거와 사례는 무엇이 있는가?
> How - 어떻게 해야 하는가?

모든 강의는 설득의 과정이다

강의 구성을 마치면 청중의 입장에서 생각해야 한다. '이 정도의 근거와 사례면 내 주장을 청중이 받아들일 수 있는가, 과연 설

강의의 기술

득이 될까?'를 말이다. '내가 청중이라면 이 전개 흐름대로 했을 때 설득당할 수 있을까? 어떤 내용을 더 넣으면 청중을 더욱 강하게 설득할 수 있을까?'를 고민해 보고 나조차 설득이 안 된다면, 설득될 때까지 구성을 잡고 수정해 나가야 한다.

또 강의 내용을 만들어갈 때 중요한 요소가 한 가지 더 있다. 청중을 120% 만족시키는 강의를 하고 싶다면 온전히 내 것으로 강의해야 한다는 것이다. 강의에 남의 것이 들어가면 갈수록 청중의 만족도는 떨어지며, 스스로도 불만족스러운 강의가 될 확률이 높다. 최악은 스스로 불만족스러운 강의가 되었는지도 모르는 것이다. 남의 자료로 강의를 하면 무엇보다 청중이 진정성을 느끼지 못한다. 그러니 강사 스스로도 자신감이 하락한다. 자신 있는 척하면서 강연하는 것과 실제로 자신 있게 강의하는 것은 엄연히 다르다. 내 것이 아니기 때문에 청중 쪽보다는 내용이 떠 있는 스크린을 쪽을 더 많이 보게 되고, 중간에 혹여라도 분위기나 흐름이 원활하게 이어지지 못하면 당황해서 말이 계속 꼬일 수도 있다. 결국 청중은 강연에 흥미가 떨어지고 만다. 가장 무서운 것은 청중이 '이 강사가 자신의 콘텐츠로 강의를 하는지 아닌지'를 다 안다는 점이다.

반면에 자신만의 콘텐츠로 강의를 하면 청중이 단번에 알아본다. 그로 인해 청중이 느끼는 진정성이나 만족도도 크다. 강사 자신도 자신감에 차서 강의 내내 즐겁게 강연을 이끌어갈 수 있고, 강연장 전체를 자신의 영역으로 만들어 갈 수 있다는 장점이 있다.

논리, 감성, 재미의 요소들이 폭발적으로 조화를 이뤄 어떤 상황과 질문에도 유연하게 대처할 수 있다. 그러려면 나의 지식과 경험을 최대한 활용해서 강의안을 만들고, 구성이나 자료는 모두 스스로 머리와 손을 써서 만들자. 물론 때에 따라서는 논문, 연구자료, 기사, 설문조사, 기술적 정보 등 남의 소스를 활용해야 하는 경우도 생기는데, 진짜 내 것이 될 정도로 연구 · 분석하고 자다가 일어나도 입에서 술술 강의 내용이 나올 만큼 연습하는 노력을 아끼지 않아야 한다.

강의 고수는 어려운 내용을 청중에게 가장 쉽게 설명한다. 스크린을 보면서 따라 읽는 것이 아니라 청중의 언어로 재가공하여 전달하는 것이다. 수많은 청중 앞에서 박수를 받는 강사가 되길 원한다면 그 이전에 얼마나 치열하게 강연을 준비해야 하는지를 생각해야 할 것이다. 힘든 만큼 성취감의 크기는 비례한다는 사실을 반드시 기억하라.

강의의 주장과 근거를 설정한다

딸아이가 6살 때 있었던 일이다. 아침에 눈을 뜨자마자 밤에 잠들기 직전까지 어찌나 화제도 다양한지 쫑알쫑알 이 얘기 저 얘기 쉴 새 없이 쏟아내는 딸에게 물었다.

"공주야, 넌 어떻게 그렇게 많은 이야기를 할 수 있니?"

그러자 딸아이가 "아빠, 나는 머릿속에 생각 주머니가 있어. 무슨 이야기를 할까 고민될 때는 그 생각 주머니를 열어"라고 대답하는 것이 아닌가. 사실 강의를 구성하는 방법도 아이의 말과 다르지 않다. 누구나 머릿속에 가상의 생각 주머니를 만들면 된다.

그림처럼 중심에 강의 주제(주장)을 심어놓고 키워드 1부터 4~8개의 생각 주머니를 만든다. 그리고 각 생각 주머니에 문장이나 글이 아닌 단어(키워드)를 끼워 넣는다. 참고로 나는 강의를 준비할 때 멘트 하나하나를 꼼꼼하게 외우려 하지 않는다. 멘트 전체를 달달 외우는 사람일수록 한 군데에서 꼬이기 시작하면 전체가 꼬일 우려가 크다. 따라서 전체의 줄기를 따라 각 순서별로 어떤 멘트와 진행을 할지 흐름으로 딴생각을 하다가도 바로 떠오를 때

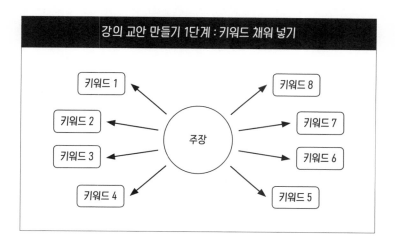

까지 연습하는 습관을 들이는 것이 좋다.

앞선 글에서 성인의 집중도가 10~15분이라고 한 것을 토대로 4~8개 정도의 생각 주머니를 만든다. 예를 들어, 시작 주머니-10분째 주머니-20분째 주머니-30분째 주머니-40분째 주머니-50분째 주머니-클로징 멘트 순으로 말이다. 각 주머니의 시작은 무엇으로 하고 10분째에는 무엇을 다루고 20분째에는 무엇을 다루고, 30분째에는 무엇을 다룰지 등으로 각 시간대별 키워드와 흐름을 정한다. 이때 주의해야 할 사항이 있다. 모든 강의는 청중을 설득시키는 과정이므로 흐름을 파악하면서 '과연 청중이 설득되고 있는가?'를 계속해서 고민해 수정해가야 한다는 점이다.

전체 흐름이 정해지고 흐름을 완벽하게 숙지하면 강의 PPT 등을 준비하면서 2장 분량의 강의 요약서를 만든다. 첫 장에는 생각 주머니를 그려 넣고, 두 번째 장에는 MECE로 LOGIC TREE하여 맵을 만든다. 모든 강의 구성을 한눈에 볼 수 있는 요약서는 단 2장이면 된다. 이를 가지고 다니면서 언제 어디서든지 꺼내어 보고 연습하면 되는 것이다.

MECE로 LOGIC TREE하라!

생각 주머니를 통해 강의를 구성하는 방법이 각 시간대별 또는 영역별로 중심 키워드를 잡아 전체 흐름을 잡는 부분이라면, 이번에는 각 영역별로 세부적인 강의 내용을 잡아가는 방법을 살펴보려 한다. 이 방법은 마인드맵과도 유사한 부분이 많아서 쉽게 이해할 수 있을 것이다.

먼저 'MECE'와 'LOGIC TREE'이라는 생소한 단어부터 이해해 보자. 'MECE'와 'LOGIC TREE'는 맥킨지식 전략적 사고로 경영기법 중에 하나이기도 하다. 'MECE'란 서로 중복이 없으면서 전체를 포함하는 것을 말한다. 좀 더 쉽게 예를 들면, 강의장 안에 강사를 포함해 50명의 사람이 있다고 가정할 때, 중복됨이 없이 전체를 포괄하도록 사람을 나누어 보는 것이다. 남자와 여자, 앉아있는 사람과 서 있는 사람, 10대부터 60대 등등으로 말이다. 이와 같이 나누면 누락된 사람이나 중복이 없으면서도 전체를 포함하여 분류할 수 있다.

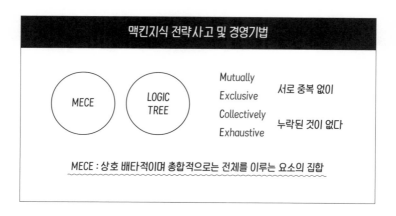

'LOGIC TREE(로직 트리)'란 쉽게 말해 MECE를 적용하여 결론-근거, 근거, 근거, 각 근거마다-소근거, 소근거, 소근거 형태로 마치 나뭇가지처럼 분류시켜 나가는 것을 의미한다.

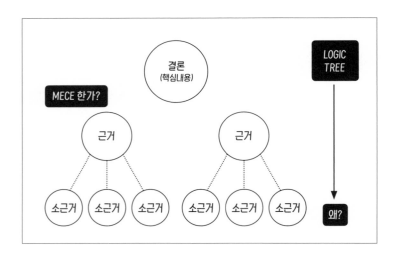

이론은 설명이 되었고, 이제 이 이론을 강의 구성에 접목시켜 보자. 종이에 그림을 그린다고 생각하면서 가장 상단에 주장하고자 하는 가장 큰 결론(주제)을 적고 각 시간대별로 중심 키워드를 적는다. 그리고 각 시간대별 중심 키워드에 어떤 내용을 어떤 흐름으로 다룰지에 대해 가지를 만들어 나가면 된다. 나의 경우에는 일반적으로 60분 강의를 15분씩 나누어 '시작-15분-30분-45분-클로징'으로 큰 흐름을 잡고, 시작부터 15분 동안 어떤 내용을 다룰지에 대해 '시작-3분-6분-9분-15분'과 같이 다시 3분 간격으로 구성한다. 이렇게 5개의 영역을 원으로 표시한 후 각 원에는 다루게 될 내용에 대한 것을 키워드나 단어로 적어 놓는다. 다음의 그림처럼 말이다.

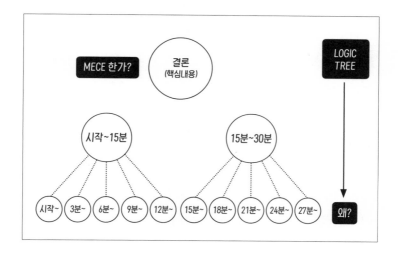

강의 사이클 파악하기
청중의 몰입이 흐름을 좌우한다

'성인의 집중력은 몇 분 동안 유지될까?'

먼저 이 질문에 대한 답을 스스로 구해보자. 이것을 알면 강의를 준비하면서 시간대별로 어떤 타이밍에 변화를 주어야 하는지 대략적이나마 감을 잡을 수 있다. 집중력이 떨어지는 것은 나이와 관계가 없다. 단지, 강의에 집중할 수 있는 근육이 점점 약해질 뿐이다. 유치원부터 대학까지 교육을 받는 것에 익숙했던 사람들이 사회에 나와 10년, 20년 일을 하다 보니 가만히 앉아 교육을 받는데 어색해진 것이다. 그 결과 일반적으로 10~15분이 지나면 몰입도가 떨어지기 시작하고 딴짓을 하는 사람들이 하나둘 생겨난다. 지극히 자연스러운 것이다.

비교적 긴 시간(60분 이상) 동안 강의를 해야 한다면 청중들의 집중력이 떨어질 만한 타이밍에 다시 몰입시킬 수 있는 장치를 넣을 수 있는가 없는가가 바로 강의의 흥미도와 집중도, 만족도와 직결된다는 사실을 기억하자. 각 지점마다 변화를 줄 수 있다면 떨어지는 청중의 집중도를 유지 또는 향상시킬 수 있다. 60분을 10분씩 나누면 총 6개의 변화점, 15분씩 나누면 4개의 변화점이 생긴다. 따라서 각 지점마다 다양한 스타일로 변화를 만들어갈 수 있어야 할 것이다.

첫 번째로는 변화의 지점마다 내용을 다르게 하는 것이다. 주장-근거-사례-주장의 칼럼 형식처럼 각 변화점마다 다루는 내용을 변화시킨다. 시시각각 변하는 강의 내용을 통해 청중은 하나의 강의에서 다양한 채널을 보는 듯한 즐거움을 느끼게 되고 집중도는 유지되는 장점이 있다. 두 번째는 각 변화점마다 강의스킬을 바꾸는 것이다. 밝게-진지하게-감성적으로 – 역동적으로 또는 주장-스토리텔링-게임 – 클로징 등으로 강의기법(스킬)에 변화를 준다. 세 번째는 각 변화 지점마다 청중에게 질문이나 토론, 강사의 위치 변경, 동영상 시청 등의 SPOT적 요소를 넣어주는 것이다.

강의 구성 전 반드시 체크해야 할 것

　60분의 강의를 구성하기 전에 먼저 반드시 체크하고 넘어가야 할 것이 있다. 그것은 바로 강의 사이클 곡선이다. 일반적으로 초등학교 수업시간은 40분, 중학교는 45분, 고등학교는 50분이며, 대학수업은 약 60분 동안 진행된다. 저학년으로 내려갈수록 수업에 몰입하는 시간이 짧아지는데, 초등학생은 약 10~15분이면 몰입도가 떨어지기 시작하는 타이밍이 온다. 고학년이 될수록 수업에 몰입하는 시간이 늘어나긴 하지만 문제는 성인 학습이다. 성인이 되면 몰입의 시간이 더욱 늘어나 60분 내내 몰입할 것 같지만 절대 그렇지 않다. 오히려 그 반대이다. 학생의 경우 초등학교 때부터 대학교 때까지 모든 삶의 중심이 학습에 있기에 정신적, 신체적 모든 것이 학습에 맞춰서 반응한다.

　하지만 성인 학습자의 경우에는 모든 정신적, 신체적 중심이 일에 치중되어 있기에 오랫동안 학습에 몰입할 수 있는 근력이 약해져 있을 수밖에 없다. 그래서 성인 대상 교육에서는 강의 사이클을 파악하는 것이 중요하다. 더군다나 기업교육은 학습자의 자발적 참여가 아닌 타의에 의한 참여이므로 동기부여적 측면에서도 의지가 약하다. 심지어 교육에 대한 반감까지 가진 경우도 있다.

　따라서 이러한 모든 요소를 감안했을 때 청중의 몰입도가 낮아지는 타이밍을 미리 계산에 넣고, 적재적소에 몰입을 다시 끌어올

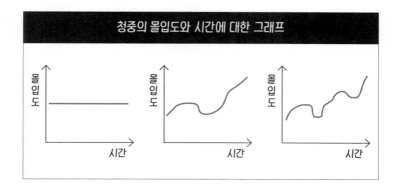

청중의 몰입도와 시간에 대한 그래프

리기 위한 장치, 예를 들면 SPOT이나 질문, 토론, 동영상 등으로 분위기를 바꿔주는 것이 필요하다.

학습자에 의해서도 강의 사이클이 영향을 받지만, 강사의 스타일에 따라서도 강의 사이클이 달라질 수 있다. 그렇기에 꾸준하게 자신이 강의하는 현장을 제3자의 눈으로 관찰해야 한다. 가장 최악은 60분 동안 변화의 지점 없이 일정하게 강의가 흘러가는 경우이다. 이러면 청중은 10~15분의 몰입 시간 이후 강의가 끝날 때까지 딴생각을 하게 된다. 시선은 정면을 보고 있지만, 생각은 다른 곳에 가 있는 것이다.

다시 말해, 첫 번째 그림에서 일정한 선으로 표현했지만, 청중의 몰입도는 급강하고 있다는 뜻이다. 가운데 그림은 청중의 몰입도가 떨어질 때쯤 강의에 변화를 주어 몰입도를 다시 집중시키는 경우이다. 60분 동안 성인 학습자의 몰입도가 떨어지는 타이밍은 결코 한 번으로 끝나지 않는다. 그래서 나는 성인을 대상으로 하는 강의안을 만들 때도 초등학생과 비슷한 시간대에서 몰입도가 떨어진다고 가정하여 강의를 구성한다. '교육은 교육생이 시계를 볼 순간도 없도록 신나게 몰아쳐야 한다'라는 내 교육 방향 때문이다.

그렇다면 60분 강의에서 청중의 몰입도가 하향되는 지점을 몇 군데로 잡아서 변화의 지점을 마련해 주어야 할까? 나는 강의 시작 후 15분, 30분, 45분이 되는 지점으로 정해두었다. 물론 강의 주제나 내용, 청중의 유형, 강사의 스타일에 따라 다를 수 있다. 각 지점마다 청중의 집중도를 다시 끌어올릴 수 있는 장치들을 첨가한다면, 재미와 감동, 지식의 전달까지 삼박자를 모두 갖출 수 있다.

기억하자! 성인 학습자의 몰입 수준은 초등학생과 별반 다를 바 없다는 것을 말이다. 앞서 언급했지만 이는 성인학습자의 지적 능력이 부족해서가 아니라, 단지 사회생활에 익숙해지면서 학습자로서의 근력이 절대적으로 약해져서임을 인식해야 할 것이다.

강의 현장의 흐름이 중요하다

세바시(세상을 바꾸는 시간 15분)처럼 짧은 15분 강의, 60분 특강, 3시간 이상의 긴 강의, 마인드 강의, 직무 강의, 기술 강의 등 다양한 강의에 있어서 반드시 적용해야 하는 것이 있다. 이 책에서 내가 가장 많이 언급하고 있는 주장이다.

"모든 강의는 청중에게 자신의 주장을 설득해 가는 과정이다!"

이것은 강의 주제나 진행 방식 등 그 어떤 것에도 반드시 적용되어야 한다. 수학에 대해 강의를 해도 '이것을 알고 있으면 어떤 것에 응용할 수 있는지, 이것이 왜 꼭 필요한지'를 주장해야 하며, 기술을 알려주는 강의를 하더라도 '당신들이 지금 배우는 기술이 왜 중요하고, 이것을 완벽하게 마스터했을 때 어떤 성장이 있는지'를 주장하고 설득해 가는 흐름이 필요하다. 그래서 모든 강의는 설득의 흐름을 타고 있어야 한다.

이해하기 쉽도록 글의 전개방식에 빗대어 설명하자면, 글은 2단, 3단, 4단, 5단 등 여러 가지 구성으로 쓸 수 있다. 첫 번째, 2단 구성은 단정과 증명 또는 증명과 단정인데, '~을 단정짓다'라고 말할 때의 그 단정이다. 하나의 주장을 단정하고 증명하거나 선 증명 후 단정지어 주장하는 형태이다. 두 번째, 3단 구성은 서론-본론-결론 또는 기-서-결, 도입-전개-정리 등의 흐름이다. 세 번째, 4단 구성은 기-승-전-결 또는 발단-전개-절정-결말의 흐름이며, 네 번째 5단 구성은 발단-전개-절정-위기-결말의 흐름이다. 추가적으로 칼럼은 주로 주장-근거-예시-주장의 흐름인데, 주장-예시-근거-주장으로 변화를 주기도 한다. 이러한 것들이 바로 흐름의 대표적 예시이다.

다시 본론으로 돌아와서 모든 강의는 설득의 흐름을 타야 하는데, 이쯤에서 스스로에게 질문을 던진다. '현재 내가 준비하고 있는 강의는 흐름을 타고 있는가?' 또는 '청중이 설득될 수밖에 없는 흐름이 분명한가?'라고 묻는 것이다. 또는 입장을 바꾸어서 '내가 이 강의를 듣는다면 강사의 주장에 설득당하게 될까?' 묻는다. 나 자신도 납득이 되지 않는 주장에 청중이 납득할 리 만무하다.

뛰어난 가수가 평균 3~5분 정도의 짧은 곡 하나에 흐름을 만들어 관객과 하나가 되는 것을 보고 배워야 한다. 작게 시작해서 조금씩 클라이맥스로 가며 감동을 준다거나, 격하게 시작해서 잔잔하게 갔다가 다시 격하게 진행되는 것처럼, 이성적 요소와 감성적 요소, 체험적 요소를 적절하게 분배하여 흐름을 만들어 주고, 그 흐름이 자연스럽게 이어질 수 있도록 이끌어 가는 것이 바로 강사의 강의력이다.

강의의 기술

청중의 성향 이해하기
청중에 따라 강의도 달라져야 한다

　대중 강의와 기업 강의는 확실히 다르다! 이 사실을 깨닫지 못하면 청중 분석도 어려울뿐더러 청중에게 맞는 알맞은 강의 커리큘럼을 구성하기도 힘들어진다. 일반적으로 대중 강의의 청중은 돈을 내고 자신에게 필요한 강의와 강사를 선택해 강의를 듣는다. 단돈 만 원이라도 내 지갑에서 내 돈이 빠져나갔기에 본전 이상을 가져가기 위해서 강의에 몰입할 수밖에 없다. 반면에 기업교육은 회사의 비용으로 받는 교육 과정이기에 강의에 참석하는 교육생의 마음부터가 다를 수밖에 없다.

　따라서 청중의 성향도 온도 차가 매우 크다. 대중 강의는 참석자의 태도가 적극적이다. 필요에 따른 '내돈내산' 강의이기 때문에 몰입도가 뛰어나고 질문도 많다. 강의 후기나 피드백도 무서울 정도로 명확하다. 강의가 시작되기 전부터 앞자리를 차지하기 위한 경쟁이 다소 치열한 편이다. 그러나 기업교육은 다소 수동적인 태도로 강의를 듣는 청중이 많다. 강의 내용이나 시간이 빡빡할수록 후기가 좋지 않다. 뒷자리에 앉기 위한 경쟁도 심하다. 이렇듯 청중의 심리상태나 성향을 정확히 파악하고 그에 맞는 강의 준비가 선행되어야 할 것이다.

다 그런 것은 아니지만 일반적으로 대중 강의에서 가장 중요한 것은 콘텐츠다. 강사의 콘텐츠가 보다 더 전문적이고, 보다 더 실용적이고, 보다 더 아웃풋이 명확하게 나와줘야 한다. 반면에 기업교육에서 가장 중요한 것은 '지루하지 않게 내용을 전달하는 것'이다. 재미라는 큰 울타리 안에 콘텐츠가 녹아들어야 하는 것이다. 그래서 강사의 콘텐츠가 보다 더 재미있어야 하고, 보다 더 지식의 전달이 흥미로워야 하며, 보다 더 교육 흐름이 다이내믹해야 한다. 그래도 본질은 다르지 않다. 대중 강의나 기업교육이나 '교육'이라는 본질에서는 절대로 다를 수 없다. 지식을 다루고, 경험을 나누고, 성장을 이뤄내는 것! 그것이 바로 교수자로서, 강사로서 갖추어야 할 본질적인 마음가짐이다.

강의의 기술

시간, 공간, 사람에 따라서 강의는 달라져야 한다

매번 같은 시간 분량으로 같은 장소에서 성향이 비슷한 청중을 앞에 두고 강연할 수 있다면 얼마나 좋을까? 물론 '딱 알맞은 시간, 쾌적한 장소, 호응이 좋은 청중'이라는 전제하에서 말이다. 하지만 강의 때마다 시간, 공간, 청중은 모두 바뀐다. 강사도 짧은 특강에 익숙해지면 질수록 긴 시간 강의가 어려워지고, 반대로 긴 시간에 익숙해지면 짧은 특강이 어색해진다. 같은 주제와 내용을 다루더라도 15~20분 미니 특강을 할 때와 60분 특강으로 들어갈 때가 다르고, 내용을 좀 더 깊이 있게 다루기 위해 2~4시간으로 할 때와 하루 과정으로 강연을 진행해야 될 때가 다르다. 기법도 달라져야 하며, 구성도 확실하게 달라져야 한다. 그래서 시간이 짧아지면 질수록 다 전하려는 욕심보다 가장 임팩트 있는 부분이나 청중이 가장 필요로 하는 핵심 위주로 전달하는 것이 좋다. 시간이 길어질수록 기승전결의 흐름을 중요하게 생각해야 한다. 각 시간별로 내용이 따로 놀고 있다면 준비가 잘못된 것이다.

공간의 규모에 따라서도 강의 준비는 달라져야 한다. 큰 공간에서 강연하는 데 익숙해지면 작은 공간이 어색해지고 작은 공간에 익숙해지면 큰 공간에서 강의하기 힘들어진다. 따라서 공간이 작거나 청중이 적을수록 청중과 적극적으로 소통해야 하고 놓치기 쉬운 디테일에 힘써야 한다. 공간과 청중이 크면 클수록 멀리 보고 넓게 보는 힘이 있어야 하며, 말의 속도를 좀 더 늦춰야 한다. 여기서 주의사항은 같은 강연 내용이더라도 공간이 커지고 인원수가 많아질수록 강의 시간이 길어질 수 있다는 점이다. 이 부분을 염두에 두고 강의를 준비하지 않으면, 분명히 오버타임이 되고 말 것이다.

우리가 금방 떠올릴 수 있는 대한민국의 진짜 명강사들이 단지 스피치를 잘해서, 지식이 깊고 콘텐츠가 확실해서 명강사로 우뚝 선 것이 아니라는 것을 알아야 한다. 우리가 감동하고 박수 치는 명강의들은 그것을 준비한 강사의 치열한 준비와 전략, 헤아릴 수 없는 연습 끝에 만들어진 작품과도 같다. 그렇기에 강연을 하는 사람은 항상 익숙해짐을 경계해야 한다. 아울러 똑같은 강의 콘텐츠로 강연을 하더라도 매 순간 강의 전략이 달라야 하며, 강의 구성도 달라져야 하고, 강연을 대하는 태도나 자세도 달라져야 할 것이다.

상반되는 상황에 맞게 강의한다

강의를 하다 보면 여러 가지 상반되는 상황을 접하게 된다. '상반된다'라는 것은 서로 반대되거나 어긋나는 것을 말한다. 상반되는 상황에도 평소와 같은 방법으로 접근해 강의를 준비하게 되면 분명 어느 한쪽은 큰 실패를 경험하게 될 것이다.

앞서 '본인의 필요에 의해 강의를 듣는가, 교육 지시로 인해 강의를 듣는가'에 따라 청중의 태도가 능동적이거나 수동적으로 다르다고 했다. 따라서 기업체 강의를 준비할 때 가장 중요한 포인트는 다이내믹한 구성이다. 가르치는 것이 아니라 이미 알고 있는 것을 끄집어낸다는 생각으로 토론, 게임, 질문, 발표 등을 적절히 가미해 강의를 진행하는 것이 훨씬 효과적이다. 청중을 만족시키기 위한 요소는 첫째도 콘텐츠요, 둘째도 콘텐츠다. 이들의 욕구를 충족시킬 만한 깊은 지식과 경험이 강의에 녹아들어야 청중은 만족스러운 마음으로 강의장을 나설 수 있다.

또 규모가 상반되는 경우에도 강의가 달라져야 한다. 소규모 강의에서는 아이콘텍트가 중요하며 강의 시간보다 10분 정도의 강의 내용을 더 준비해서 들어가는 것이 바람직하다. 대규모 강의에서는 소규모 강의보다 말의 스피드를 떨어뜨릴 필요가 있다. 이 말은 소규모 강의 내용의 약 80~90% 정도의 강의 내용을 구성하고 들어가야 전체 시간에 맞게 끝낼 수 있다는 의미이다. 아울러 시선은 전체를 향하고 한 번의 시선에 약 10명 정도를 담는다는 느낌으로 하면 좋다.

강사의 사회적 인지도가 높은 경우 청중이 이들에게 바라는 것은 스토리와 콘텐츠다. 가장 중점을 두어야 할 것은 스토리와 콘텐츠이며 강의 스킬은 두 번째로 생각하는 것이 순서이다. 그렇다고 강의 스킬을 등한시해서도 안 된다. 순서가 그렇다는 것이지, 강의 스킬이 떨어지면 아무리 유명하고 훌륭한 사람도 결국 찾지 않게 된다. 사회적 인지도가 비교적 낮은 사람이 강사로 남들 앞에 나서야 할 때는 강의 콘텐츠와 스토리에 열정, 진실함, 진정성 등 모든 요소에서 청중이 기대하는 2배 이상으로 준비해야 한다.

관공서나 기업체 강의에서는 무엇보다 '시간'에 주의해야 한다. 관공서 강의는 보통 50분 수업에 10분 휴식을 원칙으로 하지만, 일반 기업체의 경우 시간을 융통성 있게 활용할 수 있다. 공통점은 5분이라도 빨리 끝내주길 원하는 부분인데, 이 부분은 강사가 임의로 판단하기보다 교육담당자와 상의 후에 결정하는 것이 좋다.

이 외에도 상반되는 상황은 훨씬 많다. 이러한 다름을 인지하지 못하고 안일하게 강의를 준비해 진행한다면 당연히 좋지 않은 결과를 낳을 수 있다. 강사의 생명력이 살아나려면 이미지가 매우 중요하다. 좋지 않은 강의가 한 번이라도 펼쳐지게 된다면 최악의 경우 소문이 순식간에 담당자 사이에 퍼지면서 강사로 살아가는 데 엄청난 데미지를 입을 수도 있다. 누군가는 이렇게 말한다.

"늦게 시작해서 쉬는 시간을 많이 주고 최대한 빨리 끝내는 강사가 명강사이다!"

절대 그렇지 않다. 나는 오히려 이렇게 문장을 바꾸고 싶다.

"청중이 언제 시작해서 언제 끝났는지 모를 정도로 푹 빠질 수밖에 없는 강의를 하는 사람, 강의가 끝난 후에도 오래도록 청중에게 많은 것이 기억되도록 하는 사람이 명강사이다!"

강의의 기술

강의 환경 고려하기
장소마다 강의 접근법이 다르다

나는 연수원, 콘도, 호텔, 사내식당, 휴양림, 극장 등 정말 많은 장소에서 강의를 진행했다. 많은 곳을 다니다 보니 강의장의 형태도 다양할 수밖에 없다. 짧게나마 이번에는 강의장 형태에 대해서 소개해 보고자 한다. 장소에 따라서 다양한 특징들이 있기에 어느 장소에서 강연을 진행하는지에 따라 강사가 준비하고 고려해야 할 부분들도 달라진다.

첫 번째로 연수원은 강사가 강의를 하기에 최적화된 곳이다. 기본적인 음향장비 등이 잘 갖추어져 있고, 교육생 인원수에 맞게 강의 룸 크기도 적당하다. 그러나 연수원 강의시설은 대부분 음향 및 빔 프로젝트, 컴퓨터가 일체화되어 있는 경우가 많기에, 노트북 연결이 불가능할 수도 있다는 점을 고려해야 한다. USB에 강의자료를 따로 넣어가는 준비가 필요하다.

두 번째로 콘도 역시 연수원 못지않게 강의시설이 잘 되어 있는 편이다. 다만, 연식(?)에 따라 상태가 노후되어 있는 경우가 있다. 공간뿐만 아니라 음향장비까지 노후된 경우가 더러 있기 때문에, 강의에 음악이나 영상이 들어가는 경우에는 스피커를 준비할 필요가 있다. 특히, 빔 프로젝터가 천장이 아닌, 무대 한가운데 설치될 요지가 다분하기에 이에 따른 책상 구조도 생각해야 한다.

세 번째는 호텔인데, 호텔이라고 하면 보통 럭셔리한 분위기에 강의장 시설도 잘 되어 있을 거라 생각하지만 의외로 그렇지 않다. 수도권을 벗어나면, 10개 호텔 중 7~8개 정도는 강의하기에 최상의 조건은 아님을 미리 염두에 두어야 한다. 기본적으로 천장이 높고, 좌우가 넓거나 앞뒤가 긴 형태의 구조가 많다. 오지로 갈수록 음향 및 빔의 성능이 매우 떨어지므로 이에 철저한 준비가 필요하다.

네 번째로 휴양림은 강의 환경이 정말 열악하다. 신발을 벗고 들어가야 하며, 책상 등은 거의 세팅이 되어 있지 않다. 심지어 마이크도 없는 경우가 있다는 것을 꼭 기억하고 강의 전에 미리 확인해야 한다. 휴양림은 정말 일찍 도착해야 한다. 휴양림은 주차장에서 강의 장소까지 한참을 걸어 올라가야 하는 경우도 있기에 여유롭게 도착해야 한다. 최악의 경우에는 강의장에 도착해 세팅까지 강사가 직접 해야 할 수도 있다. 가급적이면 강의 시작 전 1시간 정도 여유를 두고 빨리 도착하는 것이 안전하다.

다섯 번째로 회사 내 구내식당에서 강의를 하는 경우가 종종 있을 수 있다. 특히 중소기업에 특강을 하러 가면, 마땅히 사내에 외부 특강을 들을 장소가 없어서 식당을 이용하곤 한다. 식당은 아무래도 식사를 하는 장소이지 강의장이 아니기 때문에 빔 프로젝터의 성능이 좋지 않은 경우가 태반이며, 마이크는 거의 없다고 생각하는 편이 낫다. 그래서 나는 만일의 사태에 대비하여 항상 차에 휴대용 마이크를 가지고 다닌다.

여섯 번째로 CGV, 메가박스 등의 극장에서 강의를 하는 경우도 생길 수 있다. 극장은 노트북을 무대 쪽이 아닌 뒤편 음향실에 설치해야 하는 경우가 많다. 강의 시작보다 일찍 도착하여 무조건 노트북 세팅부터 하고, 빔 프로젝트를 켜서 영상이 잘 나오는지 먼저 확인하자. 특히, 영상실 담당자가 연락이 안 되거나 늦게 도착하는 경우가 많기에 사전 연락을 통해 확실하게 시간을 맞추는 것이 필요하다.

일곱 번째로 실내가 아닌 야외무대에서 강의하는 경우에는 영상장비 자체가 거의 없기 때문에, 오로지 내 목소리로만 진행해야 하며, 심지어 음향장비 설치가 안 되는 최악의 경우를 대비하여 이동식 휴대용 마이크와 스피커 등을 준비할 필요가 있다.

이 외에도 생각지도 못한 다양한 환경에서 강의를 하게 될 수 있다. 그래서 사전에 강의 장소를 확인하는 가장 좋은 방법은 홈페이지를 방문하여 사진으로나마 시설을 확인하고, 교육담당자가 아닌 장소의 시설담당자에게 연락하여 실제 장소의 구조나 시설 등에 대해 물어보는 것이 좋다. 시설담당자에게 양해를 구하며 강의장 사진을 몇 장 보내 달라고 하면 대부분 친절하게 보내준다.

열심히 준비해서 달려갔는데, 생각지도 못한 강의 장소의 애로사항으로 강의에 타격을 받는다면, 이보다 속상한 일은 없다. 강사의 입장에서는 생각지도 못한 장소 문제로 인해 강의력이 떨어졌다 생각할지라도, 청중이나 교육담당자는 시설이 부족하기 때문이라고 절대 생각하지 않는다. 그러므로 강의를 하러 가기 전에 강사가 스스로 알아봐야 한다. 결국 강의는 내 무대이기 때문이다.

강의장에서의 좌석 배치

이번에는 강의장 내 책상 및 좌석 배치에 대해 설명하려 한다. 다만, 여기서는 소규모 회의실 등에서 이루어지는 강의의 좌석 배치가 아닌 30인 이상 규모의 강의에서의 책상 및 좌석 배치 종류와 특이점을 중심으로 정리했다.

첫 번째로 T자형 배치이다. 책상 2개를 서로 마주 보게 붙이고, 그 끝에 하나의 책상을 횡으로 연결하여 붙이면 T자형의 책상 구조가 만들어진다. 주입식 교육보다 참여식 교육이 대세인 만큼 기업교육에서는 대부분 T자형으로 책상 배치가 이루어진다. 참여식 강의를 준비하는 강사라면 T자형 책상 구조가 단연 효과적일 것이다. T자형 구조의 단점은 좌석 배치상 전체가 앞을 바라보고 앉을 수 없다는 것이다. 그렇기에 강사는 앞에서만 강의할 것이 아니라 편안하게 T자형 테이블 사이를 돌아다니며 강의할 필요가 있다. 만약, 앞에서 길게 강의해야 하는 경우라면 청중에게 양해를 구하고 모두가 의자를 돌려 정면을 바라볼 수 있게 하는 것도 좋다.

두 번째는 스쿨식 배치이다. 표현 그대로 학교 수업처럼 책상이 배치된 구조이다. 이때 학습자 전체는 앞을 바라보고 앉아 있기 때문에 T자형 구조처럼 4인 이상이 모여 체험식 프로그램을 진행하기에는 적합하지 않은 구조이다. 그러나 적합하지 않다고 해서 못하는 것은 아니다. 홀수 열이 뒤로 살짝 몸만 돌리면 4인이 모여 앉는 구조가 될 수 있기에, 짧은 체험식 프로그램 등에서는 오히려 유용하게 활용될 수 있다. 스쿨식 배치에서 학습자의 심리는 배우려는 의지가 강할 수밖에 없다. 그래서 강사는 지식과 콘텐츠를 성실하게 준비해 잘 전달하는 능력을 갖추어야 한다. 또한, 소외 그룹이 생기지 않도록 에너지를 발산해야 한다. 가장 뒤쪽과 가장 앞쪽의 좌측, 우측에 앉은 청중은 강사의 시각에서 사각지대에 놓이기 때문에, 더 큰 관심이 필요하다는 것을 잊지 않도록 하자.

세 번째는 극장식 배치이다. 스쿨식 배치와의 차이점은 의자가 바닥에 단단하게 고정되어 뒤돌아 앉는 것이 어렵다는 점이다. 또한, 청중은 극장식 배치의 장소에 들어오면 희한하게도 자려는 습성이 생겨서 지루할 틈이 없도록 강의 준비에 만전을 기해야 한다. 극장식 배치에서는 절대로 청중을 뒤쪽부터 앉게 해서는 안 된다. 들어오는 순서대로 앞쪽부터 채우지 않으면 결국 무대 앞은 텅 빈 상태에서 강의하게 될 것이다. 이것만큼 강사가 힘 빠지는 경우는 없기에 사전에 담당자와 잘 상의하여 들어오는 순서대로 앞 열부터 착석할 수 있도록 유도해야 한다.

네 번째는 뷔페식 원탁 테이블이다. 보통 호텔이나 리조트 등에 강의를 하러 가면 원탁 테이블로 배치가 되어 있는 경우를 많이 겪게 된다. 기본적으로 T자형 구조와 같이 생각하면 되지만, 청중 중에 소수는 무대를 완벽하게 등지고 앉게 되는 분들이 계시기에 배려해야 한다.

첫 번째부터 네 번째까지 책상 배치가 일반적인 상황이라면 마지막 다섯 번째는 특수상황이다. 바로 넓기는 엄청 넓은 강의장인데, 교육생이 소수일 경우이다. 자주 있는 일은 아니지만 종종 생길 수 있는 상황이다. 체육관 크기의 강의장에서 30명을 모시고 강의를 하거나 호텔의 300~400명 규모 대연회장에서 30명을 모시고 강의를 하는 것이다. 이러한 장소는 사용하지 않는 넓은 공간으로 인해 소리가 퍼져 나가게 되고, 청중은 자기도 모르게 집중력이 분산되며 심할 경우에는 강사의 역량을 떠나 청중이 매우 들떠있는 상태가 쭉욱 이어질 수도 있다. 이런 장소에서 강의하기 위해서

　　　　　　　　　　　　　　　　　　　　　強의의 기술

는 어떻게 대비해야 할까? 먼저 시설 담당자에게 요청해 병풍이라도 준비하자! 병풍이 어렵다면 책상을 연결하여 넓은 강의 장소 안에 소규모 강의장을 만든다. 이것만으로도 청중의 집중력이 확 올라가게 된다. 내가 번거롭고 힘든 만큼 청중은 편해지고, 교육의 질은 올라간다는 사실을 기억하자.

일반적으로 강사가 가장 빈번하게 만나게 되는 책상 및 좌석 배치에 대해 알아보았다. 이 외에도 미처 생각나지 못해 설명하지 못한 부분도 있을 것이다. 중요한 것은, 식당에 갔을 때 메인요리가 기대 이상으로 맛있어서 정말 행복한데 곁가지로 나온 반찬이나 디저트까지 맛있으면 감동하는 것처럼, 책상이나 좌석 배치에 따른 준비와 능동적인 대처는 청중의 만족감을 높여주는데다 강의 평가에 플러스 알파가 되어 준다는 것이다.

청중을 사로잡는 오프닝하기
좋은 시작이 좋은 끝을 만든다

첫인사부터 제대로 할 것

'어디 한번 해봐.'

강의를 듣기에 앞서 대다수의 청중이 가지는 심리 상태다. 따라서 첫인사를 어떻게 하는가에 따라 청중의 이러한 마음이 녹아내릴 수도 있고, 반대로 더욱 꽁꽁 얼어붙을 수도 있다. 첫인사를 제대로 전달하기 위해 알아두어야 할 사항은 크게 2가지 정도이다.

첫 번째는 강사 자신의 소개를 장황하게 늘어놓지 말고 짧게, 임팩트 있게 하라는 점이다. 자기소개만 짧게는 3분에서 길게는 10여 분까지 하는 강사를 수도 없이 봐왔다. 이 경우 99%는 강의평가가 그리 좋지 않다. 소개는 1분(최대 90초) 이내로 끝내야 한다. 그러기 위해 짧고 임팩트 있게 자기소개가 이루어지도록 구성하고, 자주 연습해야 할 것이다.

두 번째는 90도로 허리를 숙이는 것을 부끄러워하지 말라는 점이다. 청중은 대접받길 원한다. 강사의 제대로 된 인사 하나에 청중은 존중받는 기분을 느끼고, 그 결과 강사와 급속도로 빠르게 교감이 형성된다. 예를 들어, 강사가 소개를 마치며 "인사드리겠습니다. 오늘 강의를 맡은 최창수입니다!" 하고 천천히 허리를 90도로 숙이게 되면 자연스레 청중이 박수를 치게 된다. 그 상태에서 바로 일어서지 말고, 속으로 '하나, 둘, 셋'을 센 후 천천히 웃으면서 상체를 세우는 것이 좋다. 비굴한 것이 아니라, 이것은 청중에 대한 존중이며 존중은 곧 존중으로 돌아온다는 것을 이해하자. 제대로 된 첫인사에 청중과 강사 사이 라포가 형성되고 청중이 나를 존중하게 되며 강사 스스로도 강의를 대하는 자세에 더욱 진정성을 갖게 될 것이다.

강력한 오프닝 기법

강의 오프닝에서 가장 중요한 것은 무엇일까? 먼저, 이 질문에 대한 답을 떠올려 보기 바란다. 재미나 감동, 자기소개, 강의 안내,

정중한 인사 등 다양한 대답이 떠오를 것이다. 다 맞는 생각이지만, 이는 오프닝에 있어 극히 일부이다. 가장 중요한 것은 바로 청중의 '호기심'이다. 26년간 마이크를 잡고 살아오면서 그 어떤 오프닝에서나 '호기심'이 가장 중요하다고 여겨왔다. 사실 청중이 가진 모든 호기심을 다 채워줄 수는 없다. 다른 말로 이는 강사의 강의 스타일과 강의 주제 그리고 청중의 분석을 통해 전략적으로 오프닝의 판을 짜야 한다는 의미와 같다.

그렇다면 청중의 호기심을 극대화해줄 오프닝은 몇 분 정도가 적당할까? 강사마다 다를 수 있지만, 내가 생각하는 답은 약 3~5분이다. 이 짧은 시간 안에 어떻게 문을 여는가에 따라 그날 강의의 분위기가 결정된다. 오프닝에서는 무엇을 다루면 좋을까? 나의 경험상 청중은 크게 3가지 부분에서 호기심을 느끼는 듯하다.

신뢰

청중에게 신뢰를 주기 위해서 '내가 누군지, 무엇을 말하려는지, 이 강의에서 무엇을 얻어갈 수 있는지'를 오프닝에서 다룬다. 이 3가지를 표현하는 데 시간은 30초 이내로 끊어야 한다. 그만큼 짧고 임팩트 있게 소개될 수 있도록 철저하게 멘트를 짜고 연습할 필요가 있다.

기준

과학적으로 증명할 길은 없지만, 적어도 내 경험상 강의의 기준이 있는 것과 없는 것은 차이가 있었다. 의외로 청중은 어떠한 기준을 정해주는 것에 호감도를 보이며 그 결과 강의에 대한 집중력도 높아진다. 여기서 언급한 기준은 '아, 저 강사의 강의는 이런 스타일이구나, 저 사람은 돌아다니면서 강의하는구나, 저 강사는 질문을 많이 하는구나'와 같이 내가 임의로 만든 기준을 청중에게 몸소 보여주는 것을 말한다. 일일이 다 설명할 필요도 없고 설명을 해서도 안 된다. 그냥 자연스럽게 나의 기준을 보여주는 것이다. 무대에서 돌아다니며 강의하는 편이라면, 오프닝에서 짧게라도 돌아다니는 모습을 보여주고, 청중에게 질문을 많이 하는 스타일이라면, 쉽고 재미있는 질문들을 주고받는다.

재미

오프닝에서부터 청중이 재미를 느꼈다면 강의의 90%는 성공했다 해도 과언이 아니다. 재미란 단지 배꼽 빠지게 웃는 것만이 아니다. 유머뿐 아니라 평소에 알지 못했던 것들을 알게 될 때, 관심 분야에 대한 또 다른 정보를 듣게 되었을 때, 실제 사례 등에서 재미를 느낀다. 청중이 재미를 느끼게 할 수 있는 가장 좋은 방법은 질문과 스토리를 섞는 것이다. 강의와 관련하여 재미있는 스토리(직접 또는 간접 스토리)를 준비하고, 스토리텔링으로 전하면서 중

간중간 재미있게 질문하고 청중에게 답을 듣는 것이다.

정리하자면, 오프닝의 가장 큰 목적은 청중의 호기심을 끌어올리는 것이며, 호기심은 신뢰, 기준, 재미의 3가지 요소에서 발생한다는 것이다. 사실 글만으로 오프닝 기법에 대해 전하는 것은 한계가 있다. 그렇더라도 알고 준비하는 것과 그렇지 않은 것은 차이가 있을 것이다.

청중이 몰입하는 스피치 기법
좋은 스피치는 청중의 표정을 바꾼다

스피치에 대해 사실 많은 사람이 오해하는 부분이 있다. 소위 스피치 능력이 뛰어나다고 인정받는 사람들의 대다수를 자세히 관찰해보면, 말하는 능력보다 경청과 공감 능력이 더 뛰어나다는 것이다. 세일즈하는 사람들을 관찰해보면 특히 스피치 능력이 엄청나다. 이 사람들에게는 고객과 만나서 대화할 때 말을 많이 하는 것보다 '어떻게 하면 고객의 말을 많이 끄집어 낼까'가 스피치의 포인트다. 즉 말 잘하는 것을 고민하기 이전에 먼저 공감과 경청의 능력을 키워야 한다는 것이다. 강사는 말을 잘하는 것도 중요하지만 청중의 소리에 공감하고 경청하는 것도 매우 중요하다. 어찌 됐든 많은 이들이 그래도 '스피치' 하면 '입을 통해서 소리로 나오는 것'을 떠올리기에 여기에서는 그 부분에 대해 설명한다. 우선 청중이 좋아하는 스피치를 위해 반드시 기억해야 할 것이 있다.

첫째, 청중이 좋아하는 스피치는 표정에서부터 나온다는 것이다. 밝고 긍정적인 표정, 상대를 위해 진심을 다하고 있는 표정, 자신감 있는 표정과 자세, 상대는 표정 하나만으로도 나를 신뢰할 수도, 불신할 수도 있다는 사실을 기억하자. 둘째, 자신의 입에서 나오는 말 자체에 자신감을 가지는 것이다. 확실히 아는 내용과 논리는 자신 있게 발산될 수밖에 없다. 중요한 것은 의견을 물을 때, 불확실한 답을 해야 할 때, 모르는 것을 모르겠다고 인정할 때 등에도 당당하게(그러나 예의에 어긋나지 않고 상대에게 불쾌감을 주지 않도록) 표현하는 것이 중요하다.

셋째, 정확한 톤과 발음은 좋은 스피치를 위한 기본이라는 점이다. 사람마다 목소리 톤이 다 다르다. 어떤 사람은 낮고, 어떤 사람은 높고, 어떤 사람은 무겁고, 어떤 사람은 가볍다. 톤이 낮은 사람은 평소에 한 톤 정도를 올리는 연습을 해야 한다. 예를 들어, 음계로 쳤을 때 낮은 도나 레 정도의 목소리 톤이라면 미나 파 정도로 올려 책을 소리 내어 읽는 훈련을 해보는 것이다. 높은 도나 시의 목소리 톤이라면 솔 정도로 내리고 책을 소리 내어 읽는 훈련을 하면 좋다. 발음도 중요하다. 톤 훈련을 할 때 볼펜을 입에 깊숙이 끼워 물고 책을 읽는다. 하루 15분, 약 3개월만 해보면 발음이 상당히 좋아지고, 상대에게 내 목소리가 명확하게 전달되기 시작할 것이다.

강의의 기술

스피치의 절대 법칙, 샌드위치 기법

스피치의 법칙 중에 '샌드위치 기법'이라는 것이 있다. Praise evaluation praise, 즉 칭찬으로 시작하고 비평 또는 평가를 한 후 칭찬으로 마무리하라는 기법이다. 나의 생각이나 의견을 전달할 때 무미건조하게 팩트만 전달한다면 듣는 상대방의 기분은 어떨까. 사람의 성향에 따라 기분이 상할 수도 있고, 참 무미건조한 사람 또는 냉정한 사람이라는 평가를 받을 수 있다. 반면, 앞에서 부드러운 대화로 상대의 마음을 열어주고 본론을 전달한 후 다시 상대의 마음을 어루만져 주면서 내 생각이나 의견을 전달한다면 대부분은 내게 호감을 느끼고 감사한 마음까지 갖게 될 것이다.

일반적으로 이 샌드위치 기법을 커뮤니케이션 스킬로만 여기고 활용하는 경향이 있지만, 다수를 대상으로 하는 강의에서도 얼마든지 활용할 수 있다. 청중 앞에서 10분 스피치를 하더라도 전달하고자 하는 내용의 흐름을 살펴보면 크게 '도입-전개-결론'으로 나눌 수 있다. 다르게 표현했을 뿐이지 이것이 바로 샌드위치 기법이다. 도입에서 어떻게 청중에게 접근하느냐에 따라 청중의 몰입도가 달라진다. 결론에서 어떻게 청중의 심장을 어택하느냐에 따라 강의의 만족도가 달라진다. 그래서 나는 항상 어떠한 강의를 준비하더라도 오프닝과 클로징을 가장 심도 있게 고민하고 연습 또 연습한다. 그렇다면, 오프닝과 클로징에서 어떻게 호응을 끌어내고 청중의 심장을 어택할 수 있을까? 수많은 방법이 있겠지만 여기에서는 가장 쉬우면서도 강력한 방법을 소개한다.

오프닝에서 전달하고자 하는 내용과 관련된 재미있는 에피소드로 시작하고, 주제와 관련된 감동적인 에피소드로 클로징하는 것이다. 여기서 포인트는 오프닝에서 활용되는 에피소드와 클로징에서 활용되는 에피소드의 차이다. 앞부분은 청중이 재미와 호감을 가질 수 있는 에피소드를 활용하고, 클로징에서는 감동을 줄 수 있는 에피소드를 활용하는 것이 가장 좋다.

에피소드 활용에 대한 훈련법이 따로 있는 것은 아니지만, 모든 사건과 사물, 정보 등을 습득할 때 본능적으로 '오프닝, 클로징 중 어디에 활용하면 좋을까?'를 수시로 생각해 보는 것이 도움이 될 것 같다. 그리고 반드시 메모해 둔다. 나는 개인적으로 드라마를 참 좋아한다. 드라마 중에서도 재미있고 마음 따뜻해지는 드라마를 주로 보는 편인데, 드라마를 보다 보면 배우들이 내뱉는 멋진 대사 또는 가슴을 울리는 감동적인 대사들이 있다. 그럼 바로 인터넷 등을 통해 돌려보기를 하면서 그 대본을 그대로 적어 두고 충분히 연습한 후 강의에서 활용한다.

내 삶의 경험을 통한 에피소드 즉 직접적 에피소드와 드라마나 뉴스 등을 통한 간접적 에피소드를 통해 샌드위치를 만들어 장착한다면 보다 집중력을 끌어올릴 수 있는 강의를 펼칠 수 있을 것이다.

스피치에서 지켜야 할 5가지 중점 사항

모든 강의나 강연은 대부분 전달자(강사)가 학습자에게 소리(말, 스피치)를 통해 학습 내용을 전달하며 이뤄진다. 즉 강사의 스피치 능력에 따라 학습자는 좋은 강의와 좋지 않은 강의를 분별한다는 말과 같다. 이번 글에서는 강사가 생각해야 할 스피치의 5가지 중점 사항에 대해 간략하게 소개한다.

1. 자신의 스피치 속도를 정확하게 파악하자

실제로 강의를 연습하면서 녹음해 들어보는 것이 좋다. 내가 스스로 듣고 판단하는 것도 좋지만, 주변 지인에게 요청하여 느리거나 빠르지는 않은지 의견을 구하는 것도 방법이다. 특히 단어와 단어, 문장과 문장 사이의 연결 스피드를 잘 살펴야 한다. 쉼 없이 쭉 스피치가 이어간다면 짧게 짧게 쉼을 가지고 스피치해야 하며, 연결 사이의 간격이 길다면 조금 짧게 가져가는 훈련이 필요하다. 청중의 집중도를 끌어올리기 위해 스피치 속도의 변화를 가져가는 것도 매우 유용하다. 예를 들어, 중요 메시지를 전할 때 스피치 속도를 느리게 하거나 긴 문장을 읽을 때 재미의 요소를 가져가기 위해 최대한 빠른 속도로 쉬지 않고 읽는 방법 등이 있다.

2. 자신의 억양이 어떠한지를 파악하자

억양이란 쉽게 말해 말의 높낮이를 의미한다. 낮은 저음이라면 조금 올려주는 훈련을, 높은 고음 영역대라면 조금 내려주는 훈련이 필요하다. 청중이 하품을 하게 되는 강연의 대부분이 억양의 변화 없이 쭉 진행되는 나홀로 강의인 경우가 많다. 이 말은 적시 적소에 억양의 변화만 잘 가져가도 청중의 집중도를 끌어올릴 수 있다는 말과 같다. 그래서 강사는 평소에 연극을 관람하는 것이 도움이 된다. 배우들의 호흡, 억양, 톤을 관찰하여 내 강의에 접목해 보는 것이다. 실제로 유명 강사의 경우 연극을 직접 해 본 경험이 있는 분들이 꽤 많다.

3. 소리의 강약을 파악하자

목소리의 강약은 억양(높고 낮음)과는 다른 부분이다. 가볍게 몸에 힘을 빼고 내는 소리와 배에 힘을 가득 주고 내는 소리는 엄연히 다를 수밖에 없다. 같은 높이(톤)의 소리를 내더라도 작게 내는 것과 크게 내는 것은 다르다. 말을 하면서 소리의 강약 훈련을 해보자. 가볍게 온몸의 힘을 빼고 소리를 내보고, 배에 힘을 크게 주고 소리를 내본다. 같은 톤으로 소리를 작게 내거나 같은 톤으로 소리를 크게 내보는 연습이 도움이 될 것이다.

강의의 기술

4. 스피치 간격을 조정해보자

청중이 이미 적응되어버린 속도로 스피치를 하다가 갑자기 말을 멈추거나, 문장과 문장의 사이 간격을 넓히거나 좁히는 스피치 화법을 구사하게 되면 그 순간 청중의 몰입도를 끌어올릴 수 있다. 유튜브 등에서 유명 강사들을 살펴보며 이 부분을 어떻게 다루고 있는지를 집중적으로 보는 것도 훈련에 도움이 될 것이다.

5. 쓸데없는 소리를 내지 않도록 주의하자

의외로 많은 사람이 하지 않아도 되는 단어나 소리, 표현들을 습관적, 반복적으로 사용한다. "음, 자"와 같은 소리나 호흡을 들이마실 때의 숨소리, 침을 삼키는 소리 등 불필요한 소리만 줄여도 강의가 훨씬 깔끔해진다. 이 외에도 과도한 외래어 사용, 과도한 구어체 사용, 과도한 명령 또는 권유형 문장의 사용 등은 피하는 것이 좋다. 압존법의 화법을 지향하면서 '다, 까, 요'로 끝맺는 것이 가장 좋다.

청중은 아주 사소하고 미묘한 것으로 강사의 강의력을 평가한다. 이 말을 반대로 하면, 다른 이들이 중요하게 생각하지 않는 작은 것들을 세심하게 공부하고 훈련하여 나의 무기로 장착한다면 그것만으로도 훌륭한 스피치가 될 수 있다는 뜻이다.

청중에게 질문하기
집중도를 끌어올리는 가장 효과적인 방법

　모든 강의에는 강사와 청중의 '핑퐁'이 어느 정도 이루어져야 한다. 탁구 경기에서 서로 공을 주고받는 것처럼 강사와 청중 사이에도 주고받음이 있어야 한다는 의미이고, 그중 대표적인 주고받음이 바로 질문과 답변이다. 청중의 질문에 멋지게 답변하는 것도 중요하지만 반대로 청중에게 좋은 질문을 하는 것도 강사의 뛰어난 능력이 된다. 좋은 질문은 청중을 강의에 깊숙이 끌어들일 수 있는 긍정적 요소가 되니 적절하게 활용하면 도움이 많이 될 것이다.

　강의 중에 첫 질문은 무조건 쉬운 질문이나 특정 한 사람을 콕집어서 하는 것이 아니라 청중 전체에게 던지는 것이 좋다. 강의를 시작하면서 도입 부분에 질문을 던지는 것은 청중의 집중도를 끌어올리는 데 아주 좋은 방법이다. 청중은 질문 하나에 '아, 이 강사는 나에게 질문을 하는 강사구나'라는 마음을 갖게 되고, 이것은 강의가 끝나는 순간까지 이어진다. 단, 첫 질문은 청중이 웃으면서 쉽게 답할 수 있는 질문이어야 하며, 이후 조금씩 질문의 난이도를 높여가면서 수위를 조절한다. 또한, 처음부터 특정 개인을 지목하게 되면, 청중은 굉장히 심한 부담감을 느끼지만, 전체에게 먼저 질문하고 개인에게 질문하면 부담감이 완화되어 편하게 답변할 수 있는 심리적 안정감을 갖게 된다.

두 번째, 전체를 대상으로 질문한 경우에는 바로 질문의 답을 말하지 말고, 약 3~5초의 틈을 주고 답을 이야기해준다. 청중에게도 생각할 시간이 필요하기 때문이다. 청중이 스스로 생각해봐야 하는 질문을 던졌다면, 반드시 생각할 시간을 주고 천천히 답을 꺼내놓는다. 세 번째, 개인에게 질문하는 경우에는 최소 3인 이상에게 답을 듣고, 팀에게 질문하는 경우에는 전체 팀에게 답을 듣는다. 네 번째, 청중에게 하는 질문은 가급적이면 빠르게 답이 떠오를 수 있는 질문들로 준비한다. 비교적 어려운 질문을 해야 한다면, 팀원들과 함께 상의하여 답을 도출할 수 있도록 토론식 질문을 던지는 것이 좋다. 다섯 번째, 모든 질문은 반드시 강의 주제와 연결되어 있어야 하며, 강의에 사용하는 질문은 강사가 아무 생각 없이 던지는 질문이어서는 절대 안 된다. 좋은 질문은 청중을 집중하게 만들고 질문을 통해 다음 강의 내용의 궁금증을 유도해야 하며, 질문을 통해 청중이 스스로 생각해 볼 시간이 되어야 하고, 질문을 통해 때로는 강사와 청중 사이에 교감과 공감이 이루어질 수 있어야 한다.

청중의 질문에 답하는 방법

청중에게 좋은 질문을 하는 것도 중요하지만, 반대로 청중의 질문에 올바르게 답하는 것도 매우 중요하다. 갑작스러운 청중의 질문에 어떻게 답하는가에 따라 청중의 신뢰도를 급격하게 끌어올릴 수도 있기에 평소 강의 주제와 관련해서 여러 가지 생각을 해보는 것이 좋다. 청중에 따라 질문하는 유형이 여러 가지여서 그 유형에 따라 답변하는 방법을 알아보고자 한다.

첫 번째는 내가 아는 질문을 던지는 경우이다. 당연하지만 강사가 답에 대해 자신감이 있으면 특별한 문제가 없다. 다만, 절대로 '그런 질문에 대한 답은 아미 알고 있는데 뭐 이런 시시한 질문을 하고 그래?'와 같은 인상을 밖으로 표출해서는 안 된다. 중요한 것은 내 입장이 아니라, 청중의 입장에서 느껴지면 안 된다는 것이다.

두 번째는 알고는 있지만 답이 바로 생각나지 않는 경우이다. 나는 질문을 받으면 잠시 생각을 정리하고 답을 하는 스타일이다. 하지만 실시간으로 진행되는 강의에서는 그럴 여유가 없다. 자연스럽게 청중이 의식하지 못할 정도의 연출과 연기로 질문에 대한 답을 정리할 시간을 구하거나 생각해본다. 이 방법으로 얻을 수 있는 시간은 짧게는 10초에서 최대 30초까지다(심지어 때에 따라서는 5분 이상도 벌 수 있다). 이 방법에서 주의할 점은 질문을 즉각 회피하는 듯한 느낌이 들지 않도록 능청스러움의 완벽한 연기가 필요하다는 것이다.

세 번째는 내가 모르는 질문을 하는 경우이다. 모든 것을 다 아는 척할 필요는 없다고 생각한다. 강사라도 모르는 것이 있을 수 있음을 깨끗하게 인정하는 태도가 오히려 솔직할 것 같다. 모르는 질문을 받았음에도 무슨 깡인지 근거도 없고 동문서답인 답변을 꺼내 놓으며 자신이 맞다고 우기는 강사를 본 적이 있다. 만약 청중 안에 질문에 대한 답을 확실하게 알고 있는 사람이 있다면 결과는 최악으로 치달을 수밖에 없다.

네 번째는 강연 도중에 청중이 갑작스럽게 질문을 하는 경우이다. 무엇보다 이런 경우에 요구되는 태도는 여유로움이다. 강사는 청중의 갑작스런 질문을 지극히 당연한 일상처럼 여길 수 있어야 한다. 만약 시간의 여유로움이 있다면 질문에 성실히 답을 드리고, 시간이 촉박하다면 양해를 구하면 된다. 또한, 사전에 미리 갑작스런 질문을 방지하는 방법도 있다. 강의를 시작하는 오프닝에서 "모든 질문은 본 강의를 마친 후 마지막 질의응답 시간에서 받겠다"라고 못을 박는 것이다.

여운이 남는 클로징하기
마무리까지 아름다워야 진정한 강사다

    심리학자 헤르만 에빙하우스의 연구결과에 따르면 사람은 약 2시간이 지난 후에 배운 것의 무려 60%를 기억하지 못한다고 한다. 아무리 좋은 강의를 펼치더라도 청중은 강의 내용의 모든 것을 기억하지 못한다. 하지만 이와 같은 사실을 인정하더라도 강사라면 단 한 명의 청중이 단 하나라도 더 기억할 수 있도록 마지막까지 모든 것을 쏟아내야 할 것이다. 그것이 바로 '클로징의 힘'이다. 어떻게 클로징을 하는가에 따라 청중이 기억하는 것의 양과 질이 달라진다. 그렇다면 클로징에서는 무엇을 다루고, 어떤 방법으로 클로징을 하면 좋을까?

    클로징에서 반드시 기억해야 할 것은 2가지다.

첫째는 요약이고, 둘째는 감동이다. 클로징은 말 그대로 강의의 마지막 하이라이트다. 60분의 강의 시간 동안 청중에게 무엇을 전했고, 어떤 활동을 했고, 어떤 부분을 변화해 나아가야 하는지에 대해 핵심을 추려내 간결하고 임팩트 있게 정리해 주어야 한다. 클로징에서 반드시 해 주어야 하는 것은 청중의 심장을 강타하는 것이다. 분야를 떠나서 모든 강의는 이성으로 시작해 감성으로 클로징하는 것이 좋다. 청중에게 감동을 주는 클로징을 하기 위해서는 반드시 3분에서 최대 5분 이내로 끝맺어야 한다는 점에 주의해야 한다. 혹시라도 너무 심취하여 시간이 길어진다면, 오히려 청중은 한 편의 신파극을 보는 듯한 기분을 느끼게 되고, 그 결과 열심히 땀 흘리며 강의한 60분의 노고가 순식간에 사라질 수 있다.

감동을 주는 클로징 기법

첫째는 에피소드를 활용하는 것이다. 강의 주제와 내용에 알맞은 강력하고 파워풀한 에피소드를 찾아내 스토리텔링 기법으로 설명하고 마지막 메시지는 짧고 임팩트 있게 쾅 때려주는 것이 포인트다. 둘째는 명언 또는 좋은 글귀의 활용이다. 중요한 것은 강의 내용과 연결되는 글이어야 한다는 점이다. 여기서 보다 극적인 효과를 주고 싶다면 장문의 글을 외워서(스크린을 보지 않고) 청중을 바라보며 낭독(시 낭송 또는 내레이션 느낌으로)하는 것이다.

클로징에서 절대 하지 말아야 할 말들

"준비는 많이 했지만 시간이 부족해서 다 전해드리지 못했네요."

"마지막으로, 끝으로" 등의 연속적인 표현

"부족한 저의 이야기를 끝까지 들어주셔서 감사합니다."

지나친 겸손의 표현이나 부정적인 말보다 희망이 담겨 있는 한 마디 말이 더 임팩트 있다. 강력한 클로징 한 방을 준비한다는 것은 내 강의에 핵폭탄급 위력을 실어주는 것과 같으므로 '보다 더 강력하게 청중의 심장에 감동을 줄 수 있는 클로징 기법은 무엇이 있을까'를 항상 고민하는 자세가 필요하다.

강의를 맡겨 주셔서 감사합니다!

생각해 보면 나는 초등학교 때부터 오락부장을 했고, 중학교에서는 방송부, 고등학교 때는 학교 내 다양한 행사에서 사회를 봤다. 스무 살에 레크리에이션을 배우면서 다양한 행사에서 MC로 활동했고, 그러한 끼 덕분에 2001년에는 기업교육 시장에서 제법 큰 교육회사에 입사할 수 있었다.

때는 바야흐로 2005년 2월, 내 나이 정확히 서른에 과감하게 회사에 사표를 제출하고 프리랜서 강사로서 교육시장에 멋지게 도전장을 내밀었다. 지금 생각해 보면 '제대로 미친 짓 했구나' 싶기도 하다. 무모하리만치 용감할 수 있었던 가장 큰 이유는 주변의 칭찬과 지지였다.

"최창수 강사님의 강의는 언제 들어도 힘이 납니다."

"젊은 강사의 패기와 열정은 충분히 시장에서 통할 것입니다."

"창수야, 너 독립하면 형이 무조건 밀어줄게!"

"강사님, 프리 선언하시면 연락주세요. 저희 회사 교육에 꼭 모실게요!"

당시 나를 알고 있던 모든 사람이 해주었던 긍정적 말들이 나를 움직이게 했고, 젊음이라는 무기 하나로 세상을 향해 천상천하 유아독존의 마음으로 힘찬 발걸음을 내디뎠다. 나는 잘될 줄 알았다. 적어도 굶어 죽을 일은 없을 줄 알았다. 하지만 홀로 나선 세상은 칙칙한 어둠 속에서 수많은 강사가 생존을 걸고 사투하는 처절한 전투 현장이었다. 나는 철저하게 고립되었다. 그토록 나를 지지하고 칭찬해주던 사람들도 정말 내가 독립을 하자 이런저런 핑계를 대며 나를 멀리하기 시작했다. 그리고 나는 뼈저리게 느꼈다.

'이들은 정말로 나를 본 것이 아니라 내가 속한 회사를 본 것이구나! 그동안 몸담았던 회사의 그늘이 이렇게 컸구나.'

그때부터 나의 처절한 몸부림이 시작되었다. 신기하게도 안 될 거라는 생각은 들지 않았고 '기업교육 시장에서 오래 버티는 강사가 후에 웃는다'라는 생각으로 고집스럽게 활동을 시작했다. 단 한 건의 강의를 받기 위해서 고군분투를 하고 쉬는 날에는 공사현장에 나가 아르바이트를 했다. 다행히 용접자격증을 가지고 있어서, 일반 일용직보다는 많은 페이를 받을 수 있었다.

그렇게 번 돈으로 주중에는 무조건 사람을 만나러 다녔다. 그 당시 내가 활동했던 네이버 카페, 다음 카페, SERI 모임 등이 얼추 15개는 되었던 것 같다. 오전에는 인터넷상에서 나를 알리고, 오후에는 교육담당자를 찾아다니고, 저녁에는 모임을 쫓아다녔다.

그럼에도 불구하고 1년이 넘어가도록 강의 제안은 들어오지 않았다.

서서히 지쳐가고, 자존감이 바닥을 칠 때쯤 한 제약회사 교육담당자에게서 전화를 받았다. 연구원들을 대상으로 한 2시간 팀워크 특강 제안이었다! 강사료는 2시간에 30만 원이었다. 나는 수화기에 대고 절을 하며 "무조건 하겠습니다. 감사합니다. 감사합니다" 몇 번을 인사했는지 모른다. 그 후 나는 모든 활동을 중단하고 오직 그 강의 하나에만 매달렸다. '나는 이 강의에 목숨을 걸었다'는 각오였다.

마침내 강의가 시작되었고, 서른한 살의 젊은 청년은 강의를 마친 2시간 후 복도에 주저앉아 펑펑 울었다. 와이셔츠는 땀으로 흥건하게 젖어 있었고, 밀려오는 수많은 감정으로 다리에 힘이 풀려 일어설 수도 없었다. 간신히 다리에 힘을 주고 강의가 진행되었던 연수원을 나오며 한 걸음, 한 걸음마다 "감사합니다. 감사합니다. 감사합니다"를 되뇌었다. 그 후로 내 마음속에는 다음과 같은 생각이 각인되었다.

'지금의 감사함을 절대 잊지 말자! 모든 강의에 감사하는 마음을 갖자. 강사는 강의를 하는 순간이 제일 행복하다. 어디든지 불러주면 기쁜 마음으로 찾아가자!'

CLASS

03

어떤 주제와 상황에도

성공하는 강의 훈련법

강의력을 높이는
최고의 훈련법

    많은 사람이 강의를 잘하길 원하면서 강의력을 끌어올리기 위한 훈련은 하지 않는다. 좋은 강의는 청중이 원하는 좋은 콘텐츠와 이를 잘 전달할 수 있는 강사의 능력이 조화를 이룰 때 이루어진다. 그렇기에 강사는 좋은 콘텐츠를 만드는 것과 동시에 강의력을 끌어올리는 훈련을 지속적으로 해나가야 한다. 단언하건대, 진짜 강의력을 끌어올릴 수 있는 방법이 있다. 다만, 소개하는 훈련법을 통해 효과를 거두려면 일정 기간 이상 스스로 훈련하는 노력이 필요하다. 제대로만 따라 한다면 의식하지 못하는 사이에 엄청나게 강의 스킬이 향상된 자신을 발견할 수 있을 것이다.

    먼저 논리적으로 차분하게 잘 설명하는 강사, 감성적으로 파고

들어 청중의 마음을 움직이는 강사, 시종일관 배꼽을 잡을 만큼 청중을 웃게 하는 강사 중에서 본인이 생각하는 최고의 강사를 찾는다. 그리고 유튜브에서 그들의 강연 동영상을 찾아 모든 멘트를 듣거나 보지 않고 따라 할 정도, 표정, 눈빛, 제스처를 보지 않고 따라 할 정도, 목소리에 고저, 강약을 듣지 않고 따라 할 정도로 모방한다. 모방의 깊이가 깊어지면 질수록 강사로서의 강의력은 계속하여 향상될 것이다. 모방할 때의 주의점은 단 하나다. 이 훈련은 말 그대로 모방훈련일 뿐이므로 실제 강의에서 모방한 그대로 하기보다 모방을 넘어선 자신의 것으로 만들어야 한다는 점이다. TV 경연 프로그램에서 가수 지망생들이 유명한 노래를 부를 때 원곡자를 모방하는 듯이 부를 때 가창력이 아무리 좋아도 혹평을 받는 것과 일맥상통한다.

강의에 깊이를 더하는 훈련법

아무리 콘텐츠가 뛰어나고 강의 스킬이 훌륭해도 쉽게 극복하기 어려운 것이 있다. 그것은 바로 강의의 깊이다. 같은 콘텐츠에 비슷한 강의 스킬을 가진 강사들이 있다면, 청중이 비교했을 때 '누가 더 깊이 있는 강의를 했는가'에 따라 판단이 될 것이다. 깊이 있는 강의는 경험에서 나오고, 철학적 깊이에서 나오며, 강사가 얼

강의의 기술

마나 본질을 꿰뚫고 있는가에서 나온다. 그렇기에 깊이 있는 강의는 절대로 한순간에 발현될 수 없으며, 오랜 시간 쌓아 축적되어야만 조금씩 발현되기 시작한다. 지식적인 공부를 하는 것도 물론 필요하지만, 강의에 깊이를 더해주는 훈련법도 도움이 될 수 있을 것 같아서 지면을 통해 공유해본다.

첫 번째는 경험을 인식하는 것이다. 인식이란 사물을 분별하고 아는 것을 말하며, 같은 말로는 '인지'라는 단어가 있다. 경험이란 실제로 겪은 것을 의미하는데, 진정한 경험은 자신이 겪은 것에서 배우고 익혀 지혜로 만들어가는 과정이다. 경험을 인식한다는 것은 매 순간 경험을 나의 지혜로 만들어가기 위한 행위를 지속한다는 것과 같다. 하나의 경험이라도 '다른 사람이라면 어떻게 했을까? 내가 다른 선택을 했으면 어떤 결과가 나왔을까? 선택이란 무엇일까? 결과에 연연하지 않으려면 어떻게 해야 할까?' 그 안에서 수많은 질문을 던져보는 것이다. 꼬리에 꼬리를 물어가는 질문과 답을 찾아가는 과정 속에서 생각의 깊이는 깊어질 수밖에 없다.

두 번째는 많은 사람의 이야기를 듣고, 보는 것이다. 내가 겪어보지 못한 무궁무진한 삶의 스토리를 얻을 수 있는 가장 확실한 방법은 타인의 삶을 들여다보는 것이다. 남녀노소를 가리지 말고 만나고 듣고 이해하려 노력해보자. 단, 강의를 오래 하다 보면 직업병처럼 타인의 이야기에서 뭔가를 가르치려 하는 자세가 자신도 모르게 나올 수 있다. 남의 이야기를 듣는 데 가장 바른 태도는 온

전하게 경청하고 공감하는 것이다.

세 번째는 영역 밖으로 나가보는 것이다. 가만히 보면 내가 살아가는 세상은 하나의 영역과도 같음을 발견하게 된다. 평소에 살아가는 시간과 장소를 벗어나 새로운 것을 경험해 보는 것을 즐겨야 한다.

네 번째는 넓게 읽고 깊이 파고드는 것이다. 경제, 경영, 역사, 철학, 판타지, 소설, 만화 등 분야와 장르를 가리지 말고 읽거나 보자. 그리고 그 안에서 영감을 주는 무언가가 있다면 더욱 깊이 파고들어 보는 것이다. 만약 관심이 생긴 주제가 있다면 책이 너덜너덜해질 정도로 읽고 또 읽고, 그 안에서 깨닫고 반성하고, 삶에 적용해 나가는 모든 과정을 깊이 있게 다뤄보는 것이다.

다섯 번째는 명상이다. '성찰'이라 표현해도 될 것 같다. 강의에 깊이를 더하고 싶다면 외부를 관찰하는 것 못지않게 나와 소통하는 시간을 많이 가지는 것이 필요하다.

여섯 번째는 글을 쓰는 것이다. 생각으로 떠오르는 모든 것들을 글로 옮겨본다. 글쓰기를 꾸준히 하면 생각이 깊어지고, 보다 더 깊은 본질에 가까워지며, 지식을 뛰어넘는 지혜를 쌓아가게 된다. 특히, 글쓰기를 꾸준하게 하는 사람이 말을 하게 되면 자신도 모르는 사이에 자신의 말에 힘이 실림을 느끼게 된다. 내 입에서 나오는 표현 하나하나에 신념과도 같은 것이 깃들기 때문이다.

　　　　　　　　　　　　　　　강의의 기술

생각 속에서 이미지를
구현하는 훈련법

　60분이라는 시간 동안 완벽한 강의를 구사하려면 과연 어느 정도의 연습 시간이 필요할까? 나는 '길면 길수록 좋다'라고 생각한다. 그러나 많은 시간을 투자한다고만 해서 좋은 강의를 만들 수 있는 것은 아니다. 연습에도 효율이 필요하다. 지금부터는 시간과 장소에 구애받지 않고 할 수 있는 강의 훈련법을 소개하고자 한다.

　'Thinking Image Training'이라고 해서 말 그대로 생각 속에서 이미지를 구현하는 방법이다. 이 훈련법을 효과적으로 진행하기 위해서는 첫째, 실제 강의를 펼치게 될 강의장 사진을 준비한다. 둘째, 청중에 대해 정확하게 파악한다.(인원, 성별 비율, 연령대, 학력, 직무 및 직급 등) 셋째, 강의 구성안을 준비한다.

Thinking Image Training 진행 순서

1. 상상 속에서 내가 강연할 강의장을 떠올린다. 나는 지금 강연
   장 앞에서 노트북을 세팅 중이다. 강의 PPT가 스크린에 나타
   나고, 스마트 포인터 체크까지 마쳤다.
2. 지금 내 앞에는 오늘 만날 청중이 앉아 시작을 기다린다. 책
   상 구조가 T자(토론식)인가, 아니면 스쿨식인가? 청중들과 가
   볍게 눈을 맞추면서 스스로 자신감을 불어 넣는다.
3. 교육담당자의 강사 소개가 시작되고, 소개가 끝나자 나는 무
   대 앞으로 향한다. 무대 정중앙에서 자기소개를 하고 90도로
   정중하게 인사한다.
4. 본 강의에 앞서 오프닝 멘트를 시작한다.
5. 본 강의가 시작되고 이후부터는 준비된 강의 내용을 생각 속
   에서 이미지로 구현하여 마지막까지 연습을 이어간다.
6. 클로징 멘트는 무엇으로 할 것인가? 끝인사는 어떻게 하고,
   어떻게 퇴장할 것인가?

Thinking Image Training 기법으로 훈련할 때, 첫 TIT는 최대
한 디테일하게 설정하여 훈련하는 것이 좋다. 회차가 거듭될수록
시간이 단축되는 것을 느끼게 될 것이다. 실제로 강의 시연을 통
해 연습해 보는 것도 매우 중요하지만, 실전과 같이 강의 시연을

강의의 기술

할 수 있는 기회는 많지 않다. Thinking Image Training 기법은 버스나 지하철, 운전하며 어딘가로 이동할 때도 유용하게 활용할 수 있는 강의 훈련법이다. 연습은 많이 하면 할수록 강의력은 좋아진다.

강사의 올바른 호흡 훈련법

호흡 훈련을 하기에 앞서 나는 어떻게 숨을 쉬고 있는지에 대해 관찰해보자. 보통은 ① 입으로 들이마시고 입으로 내쉰다. ② 입으로 들이마시고 코로 내쉰다. ③ 코로 들이마시고 입으로 내쉰다. ④ 코로 들이마시고 코로 내쉰다. 4가지 중에 하나에 해당될 것이다. 수영선수나 가수에게만 호흡이 중요한 게 아니다. 우리 강사들에게도 올바른 호흡은 매우 중요한 요소이다. 호흡이 짧다는 것은 한 호흡에 말하는 양이 적다는 것이고, 이는 곧 숨 쉬는 횟수가 많아짐을 의미한다. 말하는 중에 숨을 많이 쉬면 그만큼 강의에서 끊어지는 부분이 많아지게 되고, 그 결과 청중의 집중도에 좋지 않은 영향을 끼치게 된다. 그래서 강사는 호흡을 길게 가져가는 훈련을 해야 한다.

먼저 호흡의 종류부터 알아보자. 호흡은 크게 복식호흡과 흉식호흡으로 나누어진다. 복식호흡은 배로 쉬는 호흡이다. 이 호흡법으로 호흡을 하면 건강에도 좋을뿐더러 긴 호흡으로 말하는 것이 가능하다. 배에 힘이 들어가기에 무겁고 진중한 발성이 가능하다. 흉식호흡은 가슴으로 숨을 쉬는 호흡이다. 숨을 충분히 담을 수 없어서 소리를 무겁게 내기가 어렵고, 긴 호흡은 사실상 복식호흡보다 어렵다. 그렇다면 복식호흡과 흉식호흡은 어떻게 구분할 수 있을까? 가장 쉽게는 들이마시는 기관이 어디인지에 따라 구별이 가능하다. 코로 들이마시면 복식호흡, 입으로 들이마시면 흉식호흡이다. 또 숨을 들이마실 때 배가 팽창하면 복식호흡이고, 가슴이 위로 올라가면 흉식호흡이다. 따라서 평소 ①, ②의 방식으로 숨을 쉬고 있다면 연습을 통해 ③, ④의 방식으로 바꿔나가야 한다. 개인적으로는 ③의 호흡법을 추천한다.

단계별 호흡 훈련법

호흡 훈련 1단계

힘들지 않을 정도로 편하게 코로 3~5초 들이마시고, 입으로 3~5초 내쉰다. 들이마실 때 가슴이 아닌 배가 팽창했다가 축소되면서 호흡이 되도록 최대한 집중한다.

호흡 훈련 2단계

가부좌를 하고 자리에 앉아 허리를 곧게 편다. 코로 5~8초 들이 마시고, 입으로 7~10초 내쉰다. 이때 들숨보다 날숨을 길게 쉬는 것이 포인트이다.

호흡 훈련 3단계

가부좌를 하고 자리에 앉아 허리를 곧게 편다. 코로 5~8초 들이 마시고, 호흡을 멈춘 후 배에 힘을 준다. 입으로 7~10초 내쉰 후 모든 바람이 다 나갔다고 생각될 때 호흡을 멈추고 배에 힘을 준다. 배에 힘을 주는 시간을 3초로 시작하여 7~10초까지 늘려간다. 15분 정도 하다 보면 호흡 하나로도 운동이 되면서 기분 좋은 땀을 흘리게 될 것이다.

3단계까지 훈련이 되어 익숙해지면 호흡이 길어지고, 자연스럽게 목이 아닌 배에서 소리가 나오게 된다. 그렇게 되면 낼 수 있는 음의 영역이 달라지고, 소리의 깊이도 달라진다. 가장 좋은 점은 한 번의 호흡에 많은 이야기를 할 수 있고 다양한 감정표현이 가능해진다는 것이다.

문장 낭독을 활용한
발성 훈련법

　마이크를 사용하지 않고 목소리를 크게 내고 있지 않음에도 불구하고 강의장 구석구석까지 목소리가 잘 전달되는 강사들이 있다. 이유는 간단하다. '발성과 발음'이 좋기 때문이다. 귀에 팍팍 꽂히니 청중의 집중력과 이해도가 올라간다. 반대로 발성과 발음이 좋지 않은 강사를 만나면 청중들 사이에서 "잘 들리지도 않아, 강사가 무슨 말하는지 모르겠어" 하고 소곤거리는 말이 들린다. 그래서 강의를 하는 사람들은 꾸준히 발성과 발음 연습을 해야 한다. 발성이란 호흡기 및 성대를 통해 나오는 소리이고, 발음이란 발성을 통해 나오는 소리의 형태이다.

발성을 좋게 하는 연습법

가장 일반적이고 효과적인 방법은 발성을 가장 낮은 1단계(10)에서 가장 높은 10단계(100)로 구분하고 소리를 내는 것이다. 여기에서 주의할 점은 소리의 크기와 높이가 다르다는 것이다. 저음에서 발성의 크기를 1~10단계로, 중음에서 발성의 크기를 1~10단계로, 고음에서 발성의 크기를 1~10단계로 나누고 하나의 단어를 각 음성에서 단계별로 말해보는 연습을 하는 것이다.

예를 들어, "화이팅"이라는 단어를 저음에서 발성 크기 10으로, 발성 크기 30으로, 발성 크기 50으로, 발성 크기 80으로, 발성 크기 100으로 말해본다. 저음이 끝나면 중음과 고음으로 바꿔가면서 연습해본다. 단어 연습이 끝나면 실전 강의를 위해 문장으로 연습한다. 발성 훈련을 할 때는 가능한 한 배에 힘을 주고 하는 것이 좋다. 문장으로 연습하면서 글자마다 소리를 길게 늘려 보거나 문장 중에 저음, 중음, 고음을 섞어보는 것도 도움이 된다.

낭독 훈련법

강사라면 책을 항상 가까이해야 한다. 책을 통해서라도 넓게 지식을 파고, 자신의 전문 강의 분야에 맞추어 깊게 파고들어야 한다.

강사는 책을 읽을 때에도 강의력 향상을 도모해야 한다. 책도 읽고 발성 훈련도 동시에 할 수 있는 방법이 바로 낭독 훈련법이다. 낭독은 문장을 소리 내어 읽는 것이다. 비슷한 단어로 음독이 있는데, 음독과 낭독은 구분 짓기가 사실 쉽지 않다. 다만, 음독이 전달을 위한 것이라면, 낭독은 어떤 느낌 등을 포함하여 표현해내는 것이라고 구분 지을 수 있다.

낭독 훈련 1단계

오로지 정확한 발음에 신경 쓰며 낭독한다. 입에 볼펜을 물고 책을 읽으면 더욱 좋은 효과를 볼 수 있으며, 한 글자 한 글자 또렷하게 발음하며 책을 읽어 간다.

낭독 훈련 2단계

1단계를 유지하면서 배에 힘을 주고 책을 읽는다. 이때 소리를 저음-중음-고음 등으로 나누어 배에 힘을 주고 정확한 발음으로 낭독한다. 이해하기 쉽게 자세히 설명하자면, 볼펜을 입에 물고 배에 힘을 준 채 약 1분간 저음으로 낭독하고 잠시 쉰 후 같은 방법으로 중음, 고음으로 1분씩 낭독한다. 마치 운동하듯이 하루 3세트 정도 꾸준히 연습하면 소리 훈련에 큰 도움이 될 것이다.

낭독 훈련 3단계

먼저 앞에 청중이 있다고 상상한다. 책을 읽는 것이 아니라 책 속의 내용을 강연 내용 삼아 강연하듯이 낭독한다. 책의 단어와 문장 등을 살펴본 후 정면을 바라보며 가상의 청중을 향해 감정을 실어 낭독하는 것이다.

청중 앞에 서서 강의를 잘하고 싶다면 잘할 수밖에 없는 나로 만들어야 한다. 그러기 위해 가장 기본적인 능력이 바로 스피치다. 낭독 훈련법은 스피치가 부족하다고 여기는 사람들에게 분명히 큰 힘이 될 것이며, 스피치 능력을 갖추고 있는 사람이라 할지라도 더 나은 역량을 갖추는 데 도움이 될 것이다.

04

귀에 쏙쏙 박히는
발음 훈련법

    강사에게 있어 좋은 발음은 강의력에 엄청난 영향을 미친다. 발음이 부정확한 강의는 청중의 집중력을 떨어뜨리며, 최악의 경우 강의 만족도를 떨어뜨리는 요소로 작용할 수 있다. 반대로 발음이 좋다는 것은 글자 하나하나, 단어 하나하나가 청중의 귀에 쏙쏙 박혀 들어간다는 것이며, 이는 곧 정확한 강의 내용의 전달이 이루어진다는 말이다.

    먼저 발음을 연습하기 위해서는 간단한 원리부터 이해할 필요가 있다. 발음은 크게 자음과 모음 소리로 구분된다. 자음은 닿소리라 하는데 구강 내 혀와 입술이 닿거나 차단되면서 나오는 소리이다. (예 : ㄱ, ㄴ, ㄷ, ㄹ, ㅁ, ㅂ, ㅅ, ㅇ, ㅈ, ㅊ, ㅋ, ㅌ, ㅍ, ㅎ) 모음은 홀

소리라 해서 소리가 성대에서 진동된 후 아무런 장애 없이 입 밖으로 흘러나오는 소리이다. (예 : ㅏ, ㅑ, ㅓ, ㅕ, ㅗ, ㅛ, ㅜ, ㅠ, ㅡ, ㅣ)

발음이 좋지 않은 가장 큰 이유는 첫 번째로 우리말 훈련을 하지 않았기 때문이고, 둘째는 발음을 좋게 만드는 근육이 굳어 있기 때문이다. 평소에 즐겨 사용하는 표현들과 관련된 근육만 발달되다 보면, 정확한 발음이 나올 수 있는 표현에는 한계가 올 수밖에 없다. 구강구조와 혀의 길이가 발음에 큰 영향을 끼친다고 생각할 수 있으나 이 책은 강의력을 높이기 위한 글인 만큼 천성적인 요소가 아닌 후천적으로 훈련할 수 있는 부분에 대해서만 다루도록 하겠다. 사실 노력에 따라 구강구조의 핸디캡도 극복이 가능하다고 생각한다.

발음 연습, 이렇게만 해도 좋아진다

먼저, 얼굴 전체의 근육을 스트레칭해준다. 입을 최대한 벌리며 얼굴 전체로 소리를 낸다는 느낌으로 '아-', 얼굴 전체가 당겨지는 기분을 느끼며 '에-', 얼굴이 쫘악 펴지는 기분을 느끼며 '이-', 얼굴 전체가 앞으로 몰리는 기분을 느끼며 '오-', 눈코입이 가운데로 합쳐지는 기분으로 '우-'를 소리 내어 본다.

그런 다음, 양 손바닥으로 얼굴 전체를 마사지한다. 그다음, 입술에 힘을 빼고 바람을 내보내면 위아래 입술이 푸르르르 떨리게 된다. '도레미파솔라시도'로 음을 올렸다 내렸다, 소리를 크게 했다가 작게 했다 등으로 입술을 풀어준다. 입술을 풀고 나서는 혀를 말았다 폈다, 위로 올렸다 내렸다, 밖으로 최대한 뺐다가 집어넣었다가 등으로 운동을 해준다.

'가, 갸, 거, 겨, 고, 교, 구, 규, 그, 기'를 ㄱ부터 ㅎ까지 꾸준하게 연습하고, 볼펜을 가로로 눕혀 어금니 쪽으로 깊숙이 물고 책을 하루에 1페이지씩 읽는 것도 좋다. 내가 운영하는 페이스북 그룹 〈강의력발전소〉에는 발음 연습에 도움이 되는 문장이나 단어를 제공하고 있으므로 참고하여 1~3분만 따라하면 효과가 배가된다. 이 책의 뒷부분 부록에도 강사를 위한 발음 연습 문장을 수록하였으니 참고하길 바란다.

따로 연습 시간을 내기보다는 얼굴 및 혀의 마사지와 스트레칭은 아침에 세안할 때 하고, 볼펜 물고 책 읽기는 독서를 할 때, 저녁에 잠들기 전 양치 시작할 때 등 틈틈이 해주면 가랑비에 옷 젖듯 실생활에 적용될 것이다. 하루에 딱 1분 발성 훈련, 하루에 딱 1분 발음 훈련, 하루에 딱 3분 호흡 훈련으로 하루에 딱 5분이면 된다.

연습은 실전처럼, 미러링 훈련법

　청중은 오로지 앞에 선 강사에게서 지식과 경험을 듣고, 지혜를 구하며, 그것을 통해 자신의 발전과 성장을 위한 인사이트를 얻는다. 그렇기에 강사는 청중을 위해 최상의 컨디션에서 최고의 강의력으로 강의를 진행해야 할 의무가 있다. 하지만 강의력이라는 것이 절대로 한순간에 생겨나거나 단기간의 벼락치기 훈련으로 급격하게 나아지지 않는다. 그래서 평소 훈련이 중요하다. 이번에 소개할 훈련법은 '미러링 훈련 방법'이라는 것인데, 말 그대로 거울을 보면서 연습하는 방법이다. 이 훈련으로는 표정, 제스처, 눈빛, 태도, 당당함, 발걸음, 몸의 방향 등 다양한 것을 실시간으로 체크할 수 있다. 미러링 훈련을 할 수 있는 장소가 마땅히 없다면, 인터

넷에서 연습실 대관을 검색한 후 편안한 곳을 예약하여 연습하는 방법도 있다. 저렴한 비용으로 넓은 거울 앞에서 연습할 수 있기에 미러링 훈련 있어서는 최적의 조건이다. 미러링 훈련 방법의 효과를 극대화하기 위해서는 다음과 같은 방법으로 연습해 보는 것도 좋을 것이다.

첫째, 실전처럼 세팅하고 연습한다. 노트북, 스마트 포인터, 교육 물품 등을 실전과 같이 준비하고, 마치 청중이 앞에 있는 듯 실제 강의를 처음부터 끝까지 진행해 보는 것이다. 주의할 점은 중간에 쉬는 등의 행동을 지양하는 것이다. 정말로 실전과 같이 반드시 끝까지 진행하는 것이 좋다. 둘째, 복장도 실전처럼 입고 연습한다. 편안한 복장으로 훈련할 때와 실제 강의에서 입을 복장을 착용하고 훈련하는 것은 보이는 것도 다르고 느끼는 것도 다를 수밖에 없다. 셋째, 강의 모습을 정면에서 촬영한다. 거울을 보며 훈련하는 것과 훈련 모습을 촬영하여 영상으로 보는 것은 확실히 다르다. 촬영 장면에서 내가 놓치고 있던 안 좋은 습관 등이 발견되는 경우가 너무나 많기에 가급적이면 휴대폰 등을 이용하여 촬영하며 훈련한다. 넷째, 훈련하는 동안 녹음을 하는 것이다. 처음부터 끝까지 내 입에서 나왔던 모든 소리를 녹음해 둔다면 이동 중에도 녹음파일을 들으며 이미지트레이닝을 할 수 있다. 다섯째, 거울과 가까이 서서 눈빛과 표정을 집중적으로 관찰하고 훈련하자. 강사는 소리뿐만이 아니라 신체의 모든 것을 통해 청중과 소통해야 한다. 그중에서도 가장 중요한 것이 눈빛과 표정이다. 내가 전하고자 하는 메시지에 적합한 눈빛이 나오고 있는지를 관찰하여, 마음에 들 정도로 눈빛이 나올 때까지 훈련하자. 아울러, 기쁠 때 기쁜 표정, 감동을 줄 때 감동스러운 표정, 열정적일 때 열정적인 표정 등이 자연스럽게 나올 수 있도록 훈련한다. 입을 통해서 나오는 말과 눈빛, 말과 표정이 다르면 청중은 금세 괴리감을 느끼게 될 것이고, 더나아가 강사에 대한 신뢰에 금이 가기 시작할 것이다.

마지막으로 이 연습을 하는 데 당부하고 싶은 것은 반드시 실전처럼 훈련해야 한다는 것이다. 처음 미러링 훈련을 진행할 때는 '내가 지금 뭐 하는 짓인가…'라는 생각을 할 수 있다. 수시로 하는 사람으로서 장담하건대 내가 얼마나 실전과 같이 미러링 훈련을 했는가는 실전에서 매우 큰 영향을 준다. 배우나 댄서들이 공연 연습을 할 때 왜 큰 거울 앞에서 연습하는지를 생각해보면 이해가 될 것이다.

강의는 단순한 정보전달이 아니다. 청중에게 지식과 경험을 나누고 성장으로 이끌어가는 것이 강의다. 그래서 강사는 강의를 한 편의 쇼라고 생각해야 한다. 강사는 자신의 강의에 작가이자 연출가이며, 무대 총감독이자, 주연배우이기도 하다. 자신의 강의가 하나의 작품이라고 여기는 마음이 중요하다. 배우들이 혼신의 힘을 다해 연기하는 것처럼 강사도 강의에 혼을 불어 넣어야 할 것이다.

내용이 풍성한 강의를
만드는 소재 찾기 훈련

    풍부한 소재 안에서 풍성한 강의가 가능하다. 청중의 만족을 이끌어내는 강사치고 가진 소재가 풍부하지 않은 이는 없다. 반대로 말하면, 소재가 부족한 강사일수록 청중의 만족도를 높게 끌어올리기는 매우 어렵다는 뜻이다. 그래서 강사는 소재에 민감해야 하며, 소재거리를 찾기 위해 모든 촉이 발달되어야 한다. 강의가 들어온 그 순간 한 번의 강의를 위해 소재를 찾는 것이 아니라, 일상 자체가 강의 소재를 찾기 위한 감각으로 가득해야 한다. 아침에 눈을 떠서 창가에 비치는 햇살을 보며 강의 소재로 쓰기 위해 사진을 찍을 수 있어야 하고, 산책 중에 들판에 핀 작은 꽃을 보고 꽃의 이름과 유래를 찾아야 한다. 우연히 서점에서 읽게 된 책 안에서 소재를 찾아야 하고, 오랜만에 만난 지인과의 대화에서 소재를 찾아야 한다. 결국 '모든 것이 강의 소재'인 셈이다.

지금부터 소개하는 훈련법은 일회성이 아니라, 내가 의식하지 않아도 무의식적으로 발현될 수 있을 때까지 지속적으로 의식하며 훈련하는 것이 좋다. 다음의 방법들은 일상생활 속에서 강의 소재를 찾는 노하우들이다.

첫 번째는 마음먹기이다. 시간과 장소, 이 2가지 경우를 두고 계속해서 자신에게 질문을 던진다. 한 시간에 한 번씩, 새로운 장소를 찾을 때(또는 사람을 만날 때)마다 "강의 소재로 쓸 만한 것이 없을까?" 질문을 던지자. 질문을 던지고 나면 질문에 대한 답을 찾기 위해 무의식적으로 행동하게 된다. 자연스럽게 강의 소재를 찾을 수 있는 힘이 길러질 때까지 계속해서 질문하고 또 질문하자.

두 번째는 즉시 메모하는 습관이다. 순간 메모하지 못하면 90%는 기억나지 않는다. 강의 소재로 쓰일 만한 장소나 사건, 떠오르는 영감 등이 있다면, 절대 미루지 말고 그 순간 메모하는 훈련을 해야 한다. 기억해 두었다가 나중에 정리해야지 하고 미룬다면 뒤에 가서 분명히 이런 생각을 하게 될 것이다.

'아까 분명히 강의 소재 하나 발견했는데 뭐였지?'

세 번째는 PPT 변환이다. 강의 소스를 찾게 되면 틈이 날 때마다 파워포인트로 제작해본다. PPT로 만들다 보면 생각이 정리되고, 생각이 정리되면 충분히 강의에서 활용할 만한 강의 소스로 변환된다. 연습장에 적어 놓고, 사진 파일로 저장해 두는 것도 좋지만, 그것보다 더 큰 효과를 볼 수 있는 것은 발견된 소재를 강의 PPT로 만들어 보는 것임을 기억하자.

네 번째는 패러다임 깨기이다. 삶의 소재를 찾기 위해 현재의 패러다임 장벽을 계속해서 깨고 새로운 패러다임의 세계를 만나야 한다. 다르게 출근하고, 다른 것을 먹어 보고, 다른 장소에서 차를 마시고, 다른 사람들을 만나 보고, 다른 교육을 직접 들어보는 것이다.

마지막으로 노는 시간을 충분히 갖자는 것이다. 한 달에 한 번이라도 실컷 놀자. 딱딱한 책상과 컴퓨터를 벗어나 그냥 아무 생각 없이 실컷 노는 시간이 필요하다. 비워야 채워진다는 말이 있듯이 게임도 좋고, 운동도 좋고, 좋은 사람들과의 술자리도 좋다. 그런 시간 속에서 생각지도 못한 엄청난 강의 소스를 발견할 수도 있다. 어떤 분야에서 어떤 청중을 대상으로 강의를 하더라도 '강사가 가진 강의 소스가 풍성한가?'라는 기준은 매우 중요하게 작용될 것이다.

그럼에도 불구하고!

2007년도로 기억한다.

경기도에 위치한 모 자동차 부품 제조회사에서 20대 생산직 사원들을 대상으로 8시간의 조직활성화 강의 의뢰를 받고 열심히 준비해 강의 장소로 향했다. 강의 장소는 회사 내에 잘 만들어진 사내 강의장이었다. 9시부터 강의가 시작되기에 8시쯤 도착해 모든 준비를 마치고 잠시 휴식을 취하고 있었다.

강의 시간이 한참 남았는데도 불구하고 20대 사원분들이 입장했다. 서둘러 문 앞으로 다가가 웃으며 인사를 건네었지만, 왠지 모르게 화가 잔뜩 난 표정에 단 한 명도 내 인사를 받아주지 않았다. 겸연쩍었지만 잠시 후 교육담당자가 다가와 "원래 그러니 이해해달라"면서 마이크를 잡고 교육장 내를 정리하기 시작했다. 드디어 9시가 되고 교육담당자의 강사 소개가 이어졌다.

"오늘 8시간 동안 재미있게 조직활성화 프로그램을 진행해주실 강사님을 소개해 드리겠습니다. 나오실 때 뜨거운 박수 부탁드립니다. 최창수 강사님이십니다!"

소개를 받은 나는 환한 웃음을 머금은 채 무대 중앙으로 나가기 시작했다. 그런데 그 순간 '우당탕탕탕' 하는 굉음과 함께 맨 뒷자리에 앉아있던 한 덩치 큰 사원이 벌떡 일어나 소리를 질렀다.

"아니, 이런 교육을 우리가 왜 받아야 하는데! 뭐해, 다들 안 일어나고! 다 나와!!!"

한바탕 소란이 지나가고 강의장 안에는 나와 교육담당자만이 덩그러니 남게 되었다. 그제야 교육담당자는 사색이 된 얼굴로 내게 다가와 사과하고 또 사과하며 연신 허리를 굽혔다. 이유를 들어보니, 며칠 전 이 친구들이 Gold 노조에 가입했고, 아마도 노조에서 지시가 내려온 것 같다는 것이다. 꽤 충격이었다. 노동자의 올바른 권리를 위해 힘써야 할 노조에서 이제 막 사회에 진출한 젊은 친구들에게 바람직한 사회의 모습이 아닌 다툼과 분쟁을 먼저 가르치다니….

결국 그렇게 오전 강의는 흐지부지되었고 나는 빈 강의장에 앉아 언제 올지 모를 그들을 기다렸다. 점심식사를 마치고서야 하나하나 교육생들이 들어왔고 나는 책상을 모두 치웠다. 그때부터 바닥에 둥그렇게 모여 앉아 인생 선배로서 군대 이야기를 시작으로, 연애, 30대의 삶 등의 이야기로 그들의 마음을 열기 시작했다. 이 기적일지 몰라도 훗날 이런 생각이 들었다.

'천만다행이다. 마이크를 잡지 않은 상황에서 일이 터졌으니 그

나마 얼마나 다행인가? 아직 나는 인사도 안 한 상황이었으니 말이야.'

그리고 그런 상황 속에서도 끝까지 강의장을 지켰다는 것과 마지막 시간까지도 모든 교육생의 마음을 열기 위해 최선을 다했다는 것에 대해 강사로서의 소명을 다했다는 생각을 가져 보았다. 내 강사생활이 언제까지 이어질지 모르겠지만, 이 일은 앞으로 30년 후에도 기억날 것만 같은 엄청난 사건이었으며, 이것을 계기로 '올바른 어른이란 무엇인가'에 대해 깊이 생각해 보는 큰 계기가 되었다.

사실 강의를 하다 보면 별의별 일을 다 겪게 된다. 그날은 '어떤 순간에서도 먼 훗날 자신을 돌아볼 때 부끄럽거나 아쉬운 모습을 남기지 않도록 청중을 위해 최선을 다하는 강사가 되어야겠다'고 다짐한 날이었다.

CLASS

04

청중에게 사랑받고

오래 살아남는 강사의 비밀

청중이 끝까지
집중하는 강의 기법

　시작한 지 5분밖에 되지 않았는데 여기저기 하품하는 청중이 늘어난다면, 이것은 청중의 잘못일까? 아니면 강사의 잘못일까? 강의가 업인 사람으로서 이런 경우는 100% 강사의 잘못이다. 오랜만에 진행하는 회사 워크숍에서 첫날 저녁 참가자 모두가 과음을 하고 몇 시간 자지도 못하고 다음 날 강의장에 앉아 있는 최악의 환경 속에서도 강사는 청중의 눈이 번쩍 뜨일 수밖에 없도록 강의를 해야 한다. 그것이 바로 강사의 역량이고 책임이며 태도이다. 어떻게 하면 강의 끝까지 지루하지 않게 강의를 이끌어나갈 수 있을까?

　첫째, 무조건 오프닝이 중요하다. 오프닝에서 청중이 '아, 이 강

의는 집중해서 들어야겠구나, 이 강의는 진짜 재미있겠구나' 하는
마음이 청중에게 확 박혀야 한다. 강렬한 오프닝은 신뢰, 기준, 재
미의 3요소가 적절히 섞여 있어야 한다. 대표적인 기법으로는 에
피소드로 시작하는 방법과 질문을 던지며 시작하는 방법이 있는
데, 이에 대해서는 다음 꼭지에서 구체적으로 다루도록 하겠다. 둘
째, 청중의 집중도가 떨어지는 타이밍마다 장치를 둔다. 앞서 계속
해서 말하지만 성인의 집중도는 약 10~15분 정도이다. 그러므로
10분마다 청중의 집중도를 끌어올릴 수 있는 장치가 필요하다. 그
장치는 스팟이 될 수도 있고, 강연 스타일에 변화를 주는 것일 수
도 있으며, 함께 토론할 수 있는 미션을 주는 것도 방법이다. 셋째,
강사의 스피치에서 쉬는 공간을 없애야 한다. 문장과 문장 사이 또
는 PPT의 페이지와 페이지 사이에 강사의 스피치가 멈춰 버리는
순간이 많아지면 청중은 답답함을 느끼게 되고 이것은 곧 지루하
다는 생각으로 발전되어 청중이 졸음을 느끼게 된다. 강연 시간 동
안 강사는 단 한순간도 멈추지 않는 에너지 덩어리가 되어야 한다.
입이 멈추면 몸이 움직여야 하고, 눈빛이 움직여야 하며, 발이라도
움직이고 있어야 한다.

　넷째, 소리의 변화가 일어나야 한다. 이해하기 쉽게 대표적인 소
리의 변화를 3가지로 설명하면, 큰소리와 작은 소리, 높은 소리와
낮은 소리, 논리, 감성, 열정의 감정이 들어간 소리로 나눌 수 있다.
아무리 맛 좋은 음식도 한 달 내내 먹으면 물리게 되고, 아무리 들

기 좋은 소리도 계속 듣고 있으면 익숙해지기 시작하면서 잠이 들기 마련이다. 적절한 타이밍에 소리를 크게 내었다가, 작게 내고, 톤을 솔 이상으로 내었다가 솔 미만으로 내는 등의 변화를 주어야 한다. 특히, 전달 내용에 따라 논리적이고 지적인 감정의 소리를 내다가도, 가슴을 확 후벼 파는 감성적 소리를 낼 수 있어야 하며, 청중의 변화 욕구를 끄집어낼 수 있는 열정의 소리를 낼 수 있어야 한다. 다섯째, 그럼에도 불구하고 졸고 있는 청중이 있다면 다가가라! 주의할 사항은 졸고 있는 청중에게 다가가되 시선과 몸의 방향은 다른 곳을 보고 있어야 한다. 어떤 상황에서도 모두가 유쾌하게 받아들일 수 있도록 행동하는 것이 중요하다. 슬며시 다가가기만 해도 졸고 있는 청중의 눈은 떠질 수밖에 없고 동시에 집중력도 올라가게 된다. 여섯째, 그래도 깊이 잠든 청중이 있다면 빠르게 결정하자! 깨워서 잠시 산책이라도 하고 올 수 있도록 내보낼 것인지, 아니면 그대로 재울 것인지 말이다. 참고로 필자는 청중에게 양해를 구한 후에 그대로 재운다. 일곱째, 60분이든 90분이든 강연에서 모든 것을 강사 혼자 해야 한다는 고정관념을 버린다. 짧게라도 청중이 직접 참여할 수 있는 미션을 통해 서로 소통하는 강의를 만들어가는 것이다. 예를 들어, 청중에게 질문을 하고 질문에 대한 답을 종이에 적어 들게 한다든지, 간단하게 옆에 사람과 주고받을 수 있는 게임을 한다든지, 이동하면서 청중과 간단한 인터뷰를 하는 것도 좋은 방법이다.

여덟째, 모든 강연 내용을 전부 다 내 것으로 완벽하게 소화한 후에 강의를 하자는 것이다. 완벽하게 내 것으로 만든다는 것은 단순히 완벽하게 외우고 들어가는 것을 의미하지 않는다.완벽하게 내 것으로 만든다는 것은 전달하고자 하는 내용에 자신의 신념, 철학, 가치 등이 함께한다는 것을 의미한다. 이 상태가 되면 단순한 지식의 전달이 아니라 강사의 스피치 하나 하나에 혼이 담기게 되고, 그것은 곧 청중의 심장에 파고드는 강력한 울림이 된다는 것을 기억하자.

청중이 잠을 잔다는 것은 첫째, 내용이 지루하거나 둘째, 강사의 강의 전달 능력이 재미가 없거나 셋째, 청중이 아예 들을 마음이 없는 경우이다. 전달자를 뛰어넘는 촉진자라면 그 어떤 경우에도 청중의 눈이 반짝반짝할 수 있도록 만들어야 한다. 이것이야말로 강사의 역량이고 사명감이다.

누가 들어도 재미있는
강의의 법칙

"지금 재미있게 살고 계신가요?"

많은 분이 내게 "행복하시냐"고 질문하는 데에 대한 나의 대답이자 또 다른 질문이다. 재미있는 강의를 하고 싶다면, 먼저 내 삶부터 재미있게 만들어야 한다. 내 삶이 즐겁고 재미있어야 강의에서도 재미의 요소들이 자연스럽게 튀어나오기 때문이다. 그리고 '욕심쟁이 심보'를 버려야 한다. 난다 긴다 하는 대한민국의 스타 강사들도 처음부터 그렇게 재미있게 강의를 하지는 못했다. 그들의 강의에서 재미를 느끼는 모든 요소는 치열하게 고민하고 연구하고 경험하여 쌓이고 쌓인 내공의 산물임을 알아야 한다. 다양한 강사양성과정을 아무리 쫓아다니고 그 안에서 다양한 스킬을 학습하더라도 결국 그것들은 강의를 하기 위한 이론적 배경에 지나지 않는다. 청중 모두가 재미있어하는 강의를 하고 싶다면 치열하게 고민하고 연구하고 경험해야 한다.

지인들과 술 한잔을 하는 중에서도 사람들 모두가 크게 웃는 순간이 있다면 그 순간을 포착하고 기억하여 내 강의에 접목할 수 있어야 한다. 누군가 내 말에 크게 웃어 준다면 그 웃음 포인트를 기억하여 다수의 사람에게 들려주면서 나만의 웃음 포인트를 만들어가야 한다. 내용에 따라 웃음 포인트를 넣어 줄 곳이 다르고, 상황에 따라 웃음을 전달하는 방법이 다르다. 예기치 않은 상황을 웃음으로 넘길 수 있는 힘은 오로지 끝없이 반복되는 숱한 경험에서 나오는 노하우다. 마지막으로 재미있는 강의에서 재미의 정의에 대해 생각해 보아야 한다. 웃음만이 재미의 요소가 아니기에 내가 생각하는 재미있는 강의는 어떤 강의인지 스스로 정의하고 그것에 맞는 나의 능력을 개발하여 업그레이드시키면 된다. 재미있는 강의의 원천은 이론이 10%이고 경험이 90%다.

재미란 무엇인가?

"강사님, 강의를 재미있게 하는 방법이 궁금합니다!"

강의 코칭을 하다 보면 가장 많이 듣는 질문이다. 그럼 나는 다시 상대방에게 질문한다.

"재미가 무엇인가요?"

사람들은 일반적으로 재미에 대해 배꼽이 빠질 정도로 웃기거나, 신나거나, 즐거운 것만을 떠올린다. 말 그대로 일반적인 것이다. 하지만 '재미'라는 것을 좀 더 깊숙이 생각해보면 '어떤 일에서 노력한 만큼 성과가 있었을 때, 시간 가는 줄 모르고 몰입했을 때' 우리가 "재미있었다"라고 표현한다. 즉 재미있는 강의는 '청중이 마음껏 웃을 수 있는 강의, 청중이 참여하여 성취감을 느낄 수 있는 강의, 청중이 다른 생각에 빠지지 않도록 몰입할 수 있는 강의' 임을 알 수 있다.

그렇다면, 첫 번째로 청중이 마음껏 웃을 수 있는 강의 포인트를 만들어보자. 청중이 웃을 수 있는 요소는 다양하다. 강사의 스피치, 동영상, 청중 간의 소통과 경쟁, 직접 참여 등 청중의 웃음을 뽑아낼 수 있는 요소는 무궁무진하다. 이를 위해서는 강의를 준비할 때 웃음 포인트를 예측하여 자료를 준비하거나 재미있는 멘트를 생각해 두는 것이 좋다. 두 번째로 청중이 직접 참여하여 성취감을 느낄 수 있도록 한다. 쉽지 않을 것 같은 미션을 제시하고 이를 해결해 나가는 과정, 성취하면서 느끼는 기쁨 등을 청중이 체험할 수 있도록 하는 것이다. 다양한 게임이나 역할극, 팀워크 플레이 등이 대표적인 예다. 세 번째, 청중이 다른 생각을 하지 않을 정도로 몰입하는 강의를 하려면 마치 한 편의 쇼 또는 뮤지컬 같은 강의를 준비하자! 강사로서 강의를 준비할 때 자신이 총감독이라 생각하고 혼신을 다해 무대를 준비하는 것이다. 꽉 짜여진 스토리, 희노애락, 밀었다 당겼다, 높였다 낮추었다, 웃었다가 울었다가, 혼자였다가 함께였다가 이처럼 다이나믹한 흐름 전개가 이루어진다면 충분히 몰입하는 강의가 가능해질 것이다.

청중을 웃게 하는 8가지 방법

첫째, 앞에서 말했지만 내 삶부터 웃는 삶으로 바꿔야 한다. 내 삶이 괴롭고 웃을 일이 없는데 청중에게 웃음을 바라서는 안 된다. 삶에서 자연스럽게 웃는 삶이 되어야 청중에게 자연스러운 웃음을 이끌어낼 수 있다. 만약 이것이 불균형하다면, 청중은 금방 가식이라는 것을 느낄 것이고 그 결과 강의에 대한 신뢰도가 급격하게 떨어지고 말 것이다. 강사 스스로가 많이 웃어야 하고, 청중의 이야기에 진심으로 웃어 줄 수 있어야 한다.

둘째, 웃을 수 있는 환경을 만들자. 청중이 강의장 문을 열고 들어서는 순간, 강의장에 대한 첫 느낌이 정말 중요하다. 왠지 이곳에서는 편하게 웃을 수 있을 것 같은 기분이 들도록 강의장의 환경을 밝고 즐겁게 꾸미는 것이 정말 중요하다. 음악, 플래카드, 간식, 정돈된 책상과 의자, 강의 시작 전에 먼저 다가와 인사를 건네는 강사의 첫인상 등 모든 것들이 청중을 웃게 하는 사전작업이다.

셋째, 부단한 연습 없이는 웃음폭탄을 만들 수 없다는 걸 명심한다. 청중에게 웃음을 줄 수 있는 방법을 어디선가 배웠다 해도 내일 당장 강의에 써먹을 수는 없다. 잘못 사용했다가는 서로가 무안해질뿐더러 강사 혼자 웃고 떠드는 혼자만의 리그가 될 수도 있다. 웃음의 요소를 청중 앞에서 내가 자연스럽게 구사할 때까지 정제하고 가공한다. 어떻게 하면 더 재미있는 상황을 만들 수 있을지 고민한다.

넷째, 둘 중에 하나를 선택한다. 자신의 성향을 파악해서 '유쾌, 상쾌, 통쾌의 즐거움 가득한 강사'로 이미지를 쌓을지, '진지하고 객관적이며 담백한 강사'로 이미지를 쌓을지 결정한다. 전자와 후자의 분위기가 전혀 다르기 때문이다. 전자는 긍정 에너지가 빵빵 터져줘야 한다면 후자는 아껴두고 아껴두다 청중이 방심하는 순간에 던져줘야 한다.

다섯째, 나를 재미있게 소개하자. 강의 시작에서 강사인 나를 소개할 때, 빠르게 라포를 형성할 수 있는 자신만의 소개 멘트를 준비하자. 이왕이면 적정한 수준에서 자신을 낮추는 것도 좋다. 외모에서 공감대를 형성하는 방법, 인간미를 살리는 방법 또는 짧고 가벼운 퍼포먼스 등의 대표적이다.

여섯째, 유치하다고 생각하지 말고, 개그 프로나 예능을 잘 챙겨보자. 유행어에 익숙해야 하고, 개그나 예능프로를 보면서 함께

보는 온 가족이 다 빵 터지는 포인트가 생기면 그 순간을 강의에 접목하여 연습하는 것이다. 어떤 순간에 넣으면 자연스럽게 펼쳐지고 어떻게 하면 나도 청중도 함께 웃을 수 있을까를 고민한다.

일곱째, 강사가 아닌 청중이 스스로 웃음을 만들도록 유도한다. 주입식이 아닌 체험식 교육이 대세인 만큼 직접 참여하여 활동하고 결과를 뽑아내는 과정 속에서 청중 스스로가 웃으면서 할 수 있도록 프로그램을 구성하자.

여덟째, 말로 웃기지 말고, 마음으로 웃겨라. 청중과 끊임없이 공감하려 노력하고, 강의장의 전체적 웃음 에너지를 끌어올리고자 하는 마음을 절대로 놓으면 안 될 것이며, 강사라는 본분을 망각하면 안 될 것이다.

결국 나만이 구사할 수 있는 웃음 요소를 스스로 개발하여 장착해 가야 한다. 주어진 조건 안에서 청중이 웃을 수 있는 환경을 만들고 주어진 시간 안에서 웃을 수 있는 강의를 준비하고 주어진 내용 안에서 마음으로 웃을 수 있는 메시지를 날려보자. '재미있는 강의는 청중이 마음껏 웃고 그 안에서 감동과 성취감을 느끼고, 몰입할 수 있는 강의'이다.

청중의 마음을
휘어잡는 공감력

    누군가와 공감할 수 있다는 것은 정말 큰 행복이다. 반대로 누군가와 공감할 수 없다면 사람으로서의 가장 큰 행복을 놓치고 사는 것일지 모른다. 언어학적으로 공감은 2인 이상일 때 가능하다고 할 수 있지만, 심리학적으로 보면 '스스로 나에 대해 얼마나 공감할 수 있는가'라는 접근도 가능하기에 어쩌면 공감은 1인 이상일 때 가능한 것인지도 모르겠다. 2인 이상이 모여 공감이 이루어질 때, 우리는 공감대가 형성되었다고 말한다. 그리고 이러한 공감대가 얼마나 잘 이루어지고 있느냐에 따라 구성원들의 공감능력을 '공감지수가 높다, 낮다' 등으로 표현한다. 그렇다면 공감이라는 것이 왜 중요할까?

부모와 충분한 공감을 느끼며 자란 아이는 스스로 느끼지도 못하는 사이에 공감지수가 높아지고, 자연스레 자존감이 높아지며, 자존감이 높아지면 삶의 많은 부분에서 자신감이 생겨난다.즉 스스로 느끼지 못하는 사이에 자신감과 자존감이 높아진다는 것이다. 이 말은 곧 자신감과 자존감이 높아지면 삶을 주도적으로 이끌어 갈 수 있는 힘이 생긴다는 의미다. 이렇듯 누군가와 공감하기 위해서 필요한 것들은 무엇일까?

첫째는 내 마음의 크기를 확장하는 것이다. 누군가의 이야기에 공감하려면 그 사람의 삶을 이해하고 내가 그 사람의 삶의 파도에 함께 올라타려는 노력이 필요하다. 내 마음의 크기가 작다면 상대의 파도에 같이 올라타지도 못할 뿐 아니라 상대의 삶과 이야기를 이해하는 것조차 어렵다. 그래서 우리는 내 마음의 크기를 확장하기 위해 끊임없이 마음공부를 해야 한다. 마음공부를 하기 위한 가장 쉬우면서도 효과적인 방법은 매일 아침 명상을 하거나 저녁에 잠깐이라도 성찰의 시간을 갖는 것이다. 일기 쓰기, 호흡 훈련, 만보 걷기 등을 하는 것도 좋다. 다양한 청중을 수용하고 받아들일 수 있는 내 마음의 크기를 키우는 것은 강의 또는 스피치를 하는 모든 이에게 반드시 필요하다. 아울러 나와 함께할 청중이 어떤 분들인지 사전에 파악해서 쉬는 시간에 그들에게 먼저 다가가 그들이 가진 삶의 이야기를 듣고 공감하면서 관심의 크기를 높여가는 것 또한 보이지 않는 기술 중에 하나이다.

강의의 기술

둘째는 관심을 두는 것이다. 내가 상대에게 어느 정도의 관심을 갖고 있느냐에 따라 공감의 크기는 달라질 것이다. 관심조차 없는 상대라면 공감 자체가 이루어지지 않는다. 상대와 공감하고자 한다면 내가 그만큼의 관심을 가지고 상대에게 먼저 다가가야 한다. 대화할 때 상체를 상대에게 가까이 두거나, 집중해서 경청하거나, 맞장구를 쳐주는 등이 관심을 표현하는 방법이 될 것이다.

셋째는 긍정적 터치의 횟수를 늘리는 것이다. 공감의 크기는 긍정적 터치의 횟수와 정확히 비례한다. 반대로 긍정적 터치가 없거나 부정적 터치가 많다면 상대와의 공감은 절대 이루어질 수 없다. 긍정적 터치란, 기분 좋은 스킨십뿐만 아니라 눈빛의 교환, 감정의 공유, 생각만 해도 미소가 떠오르는 추억이나 사건을 함께 겪는 것 등을 말한다. 아울러 차 한잔을 함께 하면서 일상적인 대화 중에 기분 좋은 경험을 공유하는 것도 도움이 된다.

나의 작은 노력 하나로 청중과 공감이 이루어진다면 청중은 스스로 마음의 문을 열고 강사 또는 스피처와 혼연일체가 되어 짧든 길든, 내용이 무겁든 가볍든 강의 시간을 뜻깊게 받아들일 수 있을 것이다. 어쩌면 좋은 강의는 공감에서부터 시작되는지 모른다. 나와 공감하고 가족과 공감하고 만나는 모든 사람과 공감하기 위해 노력한다면 자연스럽게 강의 현장에서도 공감의 힘이 생겨날 것이다.

누구나 베테랑 강사가 되는
무대 공포 극복법

　기업교육 시장에서 강의를 한 지 벌써 26년이 된 나도 아직까지 강의 시작 전에 긴장되고 침이 마르기도 하고 소변이 마렵기도 하다. 무대 공포를 극복하는 법은 없는 것일까?

　나는 오히려 청중 앞에 서서 자신의 생각이나 지식을 전달하는 모든 사람은 반드시 무대 공포가 있어야 한다고 생각한다. 무대 공포가 있다는 것은 청중을 두려워한다는 것이고, 청중을 두려워한다는 것은 역으로 청중을 존중한다는 의미이기 때문이다. 간혹 무대 공포를 전혀 느끼지 못한다는 강사들이 있다. 무대 공포를 느끼지 않는 사람들은 그만큼 자만에 빠지기 쉽다. 자만에 빠지면 청중을 무시하거나 자신의 우월적 가치와 지식만을 전달하는 일방적 강의를 하게 된다.

갈등에도 순기능과 역기능이 있듯이 무대 공포에도 순기능적인 부분이 존재한다. 내가 만약 무대 공포를 가지고 있다면 극복하기 이전에 먼저 자신을 칭찬해 주기 바란다. "나는 더 멋진 강사로서 성장하기 위한 좋은 마음의 태도를 가지고 있구나"라고 말이다. 그러고 나서 다음의 노하우들을 자신의 것으로 하나씩 만들어가면 된다.

강의 장소를 자신의 홈그라운드로 만든다

스포츠에서 두 팀이 맞붙게 되면 한 팀은 홈팀이고 한 팀은 원정팀이다. 원정팀이 아무리 막강한 전력을 가지고 있어도 홈팀과 붙으면 제대로 실력 발휘를 못하는 경우가 많다. 반대로 약체임에도 불구하고 홈에서는 극강의 실력을 발휘하는 경우도 종종 있다. 가장 큰 이유는 홈이라는 점에서 오는 안정적 심리 때문이다. 강의도 마찬가지다. 누구나 새롭고 낯선 장소에 가면 익숙하지 않아서 긴장하게 되고 긴장은 곧 강의에 영향을 미치기 마련이다. 그래서 나는 처음 가는 장소일수록 예정된 시간보다 일찍 도착한다. 장소를 편안하게 만들기 위해 강의 장소를 몇 바퀴 돌아보면서 사물에 익숙해지고, 강의장의 벽지나 조명에 익숙해지는 것이다. 내가 서

있는 곳에 익숙해지고, 서서 바라보는 시각을 먼저 체크해서 시야를 확보한다. 인위적으로 강의 장소를 나의 홈그라운드로 세팅하는 방법도 있다. 보기만 해도 미소가 떠오르는 사진이나 그림, 플랜카드 등을 준비해서 걸어두는 것이다. 나도 가장 최근에 높이 2미터 폭 2.5미터의 대형현수막을 제작해 강의 시작 전에 한쪽 벽에 붙인 적이 있다. 현수막에는 강의 주제와 관련해 직접 찾은 사진들을 배치했다.

청중 곳곳에 스파이를 심어둔다

강의 준비를 마친 후 청중을 관찰하다 보면 분위기 메이커가 눈에 띌 것이다. 또는 자연스럽게 주변 지인들에게 미소를 건네주는 분들이 반드시 몇몇 있다. 그러면 다음의 그림처럼 사각을 기준으로 중앙과 각 모서리 다섯 위치에 5명의 스파이를 심는다. 각 포인트 지점에서 미소 천사 또는 분위기 메이커를 미리 찾아 두라는 말이다. 스파이는 반드시 강사가 전달하려는 내용과는 상관없이 주변에 긍정 에너지를 전달할 수 있는 사람들이어야 한다. 무대 공포를 극복하기 위해 강의를 시작할 때 각 포인트에 임의로 선정해 둔 미소 천사분들을 보면서 운을 떼우는 것이다. 분명 이들은 마치 오래된 친구처럼 밝은 미소로 당신을 바라봐 줄 것이다. 무대 공포와

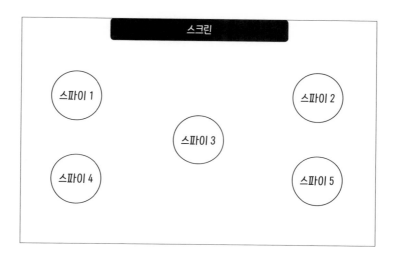

긴장감이 어느 정도 해소되기 전까지 포인트에 설정해 둔 분들만 바라보아도 된다. 청중에게는 오히려 '강사가 전체를 다 바라보면서 강의를 하는구나'라는 긍정적 인식을 심어줄 수도 있다.

전달할 내용에 대해 자신감을 가진다

가장 중요한 부분이다. 내가 전달하고자 하는 내용에 나 스스로가 납득하지 못하면 자신감이 하락될 수밖에 없다. 전달할 내용에 대해 스스로가 자신감을 가질 수 있도록 완전한 이해와 습득이 필요하다. 그리고 어떤 상황에서도 내용을 술술 풀어 이야기할 수 있도록 연습 또 연습해야 한다.

누구나 강사가 될 수 있다. 그러나 누구나 진정한 강의를 할 수는 없다. 무대 공포를 부정적으로만 바라보지 말고, 청중 앞에 서는 강사라면 당연히 느껴야 할 감정이라고 생각하기 바란다. 무대 공포를 느끼는 사람이라면 분명 사람을 변화시키는 참강사가 될 수 있을 것이다.

05

앞에 서는 사람이 왕이다, 무대 장악력

똑같은 공간에서 강의를 해도 누가 하는가에 따라서 강의장 분위기가 확연하게 달라진다. 모든 청중이 어수선한 상태에서 강의를 듣는가 하면 모든 청중이 숨을 죽여가며 무대를 바라보기도 한다. 무엇이 청중의 태도를 다르게 만드는 것일까? 그것은 바로 강사의 '무대 장악력'이다. 무대를 장악한다는 것은 단지 강사가 서있는 것만이 아니라 강의장 전체, 즉 공간을 장악해 버린다는 의미와 같다. 강사가 단지 강의만 하는 것과 무대를 장악하며 강의를 하는 것은 결과적으로 큰 차이를 만든다.

그렇다면, 무대를 장악하는 힘은 어디에서 나오는 것일까? 첫째는 최상의 컨디션에서 나온다. 강사의 컨디션은 강의에 엄청난 영향을 미친다. 컨디션은 육체적인 것과 정신적인 것 모두를 포함하는데, 둘 중 하나라도 어긋나면 좋은 컨디션이 아니라고 본다. 최고의 강의로 최고의 찬사를 받고 싶다면 최상의 컨디션을 만드는 건 당연하다. 둘째는 최고의 상품이다. 강사에게 있어서 최고의 상품은 강의 콘텐츠다. 아무리 불황이어도 맛있는 음식점은 장사가 잘되는 것처럼, 강의 콘텐츠가 최고의 품질이라면 무대를 장악하는 것은 그리 어렵지 않다. 강의 콘텐츠가 최고여야 하는 것은 기본 중에서도 기본이다. 스스로도 만족스럽고 자신감이 생길 수 있을 때까지, 청중의 입장에서 강의 콘텐츠를 채우고 비우며 다듬어야 한다. 셋째는 강의 전달 스킬이다. 컨디션과 콘텐츠가 아무리 좋아도 전달하는 방법이 별로라면 무대 장악력은 떨어질 수밖에 없다. 목소리가 잘 들리지 않거나 발음이 명확하지 않거나 목소리에 힘이 없거나 스토리텔링 스킬이 부족하면 청중은 분명 강의장에 있지만 생각은 다른 곳에 가 있게 될 것이다. 넷째는 공간 에너지다. 모든 공간에는 에너지가 존재한다. 무대를 장악한다는 것은 공간 전체를 장악한다는 것이다. 즉 모든 공간의 에너지를 나의 에너지로 바꿔버려야 한다. 강의 시작 전에 강의장 구석구석을 돌아다니며 청중이 앉아 있는 테이블마다 나의 에너지를 심어 놓자! 이런 사소한 노력이 무대를 장악하는 힘이 될 것이다.

다섯째는 자신감이다. 강사로서 스스로에 대한 확신이 있는가? 자신감을 가지고 무대에 올라가는 것과 위축된 상태에서 올라가는 것은 완전히 다르다. 나에 대한 자신감과 강의 내용에 대한 자신감을 가지자. 여섯째는 진실함이다. 청중의 입장에서 강의의 최고 기술은 진정성이다. 청중의 배우고자 하는 마음을 감사하게 여기고 온 마음을 다해 하나라도 더 전해주고자 하는 마음을 갖자. 청중을 돈으로 보지 말자! 청중은 나를 필요로 하는 감사한 존재임을 깨달아야 한다. 일곱 번째는 성공적인 오프닝이다. 무대를 장악하기 위해서 스타트는 매우 중요하다. 첫 시작부터 꼬여 버리면 강의를 마치는 순간까지 강사와 청중이 따로 노는 상황이 될 수 있다. 천상천하 유아독존의 마음으로 걸어나가고, 자신감 가득한 눈빛으로 모든 청중을 한 번씩 바라보며 자신 있게 자신을 소개하고 인사하자! 여덟 번째는 지구력이다. 강의는 체력 싸움이다. 강의는 단지 지식을 전달하는 것이 아니라, 청중과의 끊임없는 기 싸움이 펼쳐지는 현장이기에 체력과 심력의 소모가 클 수밖에 없다. 60분 동안 지치지 않고 열정을 발산할 수 있는 지구력을 키워야 한다. 아홉 번째는 공감 능력이다. 강의는 청중과 함께 호흡하는 하모니와도 같다. 청중과의 조화가 잘 이뤄지려면 청중과 공감할 수 있어야 하고, 소통할 수 있어야 한다. 강의를 하면서 청중의 눈빛을 바라보고, 청중의 심리를 잘 파악해야 한다. 궁금한 것이 있는지, 이해를 잘 하고 있는지, 강의를 방해하는 다른 에너지가 들어온 것은 없는지, 쉬고 싶은지 등등 청중의 심리 상태를 파악하는 노력을 지속적으로 해 주어야 한다. 마지막 열 번째는 혼(魂)이다. 강사의 혼을 마지막 한 줌까지 탈탈 털어 쏟아내자. 혼을 실은 무대는 청중이 숨을 죽이고 집중할 수밖에 없다. 강사와 청중이 따로 노는 강의는 대부분 강사의 혼이 제대로 발산되지 않는 경우다. 자신의 강의에 제대로 미쳐야 한다. 강의 외에는 다른 어떤 것도 생각나지 않을 정도로 깊숙한 몰입 상태가 되어야 한다.

강의의 기술

06

강의의 품격을 높이는
강사의 자세

자세가 안정되었다는 것은 올바르게 힘을 사용할 수 있다는 뜻이고, 모든 부분에 균형이 잡힌 것과 같다. 강의도 마찬가지다. 머리에서 발끝까지 안정된 자세를 갖추고, 이것이 익숙해져서 자연스러워질 수 있다면 청중은 자세 하나만으로도 '이 사람은 프로구나'라는 신뢰감과 강의에 대한 기대감을 갖게 된다.

첫 번째로 헤어스타일은 개인의 스타일을 살리되 청중과 강의 주제를 고려하여 스타일링한다. 짧은 머리는 최소 월 2회 이상 커트를 하고, 긴 머리의 경우 왁스나 젤 등을 이용하여 단정하게 스타일링하는 것이 좋다.

두 번째로 자신의 고개가 어떤 위치에 있는지 확인해보자. 고개가 지면으로부터 수직으로 올곧게 있어야 하는데, 대부분의 사람들이 좌나 우로 조금씩 기울어진 상태이다. 따라서 많은 사람 앞에 서는 강사라면 고개를 반듯하게 세우는 노력을 하자.

세 번째로 어깨가 안으로 움츠러들지 않았는지 확인한다. 사실 밖으로 펴진 어깨가 보기에도 훨씬 자신감 넘치고 좋다. 강의에 들어가기 전부터 '어깨를 펴자'라는 생각을 하고, 평소에도 어깨를 펴는 훈련을 하면 도움이 된다.

아무래도 강사는 오래 서 있는 직업이다 보니 허리가 좋지 않은 사람이 많다. 허리가 아프면 몸이 위축될 수밖에 없고 위축된 자세는 청중에게 마이너스 요소이다. 평소에 허리 스트레칭 및 운동을 통해 허리 및 척추를 반듯하게 세우는 노력이 필요하다.

다섯째, 미세하지만 인간은 왼쪽과 오른쪽의 길이가 다르다. 다르다는 것은 어느 한쪽으로 기울어진다는 것이며, 이것은 곧 자세가 흐트러지는 것과 같다. 거울을 보고 관찰하여 몸을 항상 곧게 세우는 훈련을 해야 한다.

흔히 말하는 오(O)다리의 경우 자세 자체가 아름답게 나오기 어렵다. 다리가 곧은 사람은 무릎과 무릎 사이를 붙이거나 반 뼘 정도 벌린 상태가 적당하고, 오다리라면 발을 반 뼘 정도 벌린 상태에서 무릎과 무릎을 붙인다는 생각으로 힘을 주어 자세를 잡는 것이 좋다.

일곱째로 섰을 때 발의 방향은 11자 형태가 가장 안정적이다. V

자로 벌어진 상태로 서는 자세는 그다지 좋게 보이는 자세가 아니다. 11자 형태의 발 모양으로 서는 것이 처음에는 매우 익숙하지가 않아 힘들 수도 있으나 평소에 의식적으로 연습해서 익숙해져야 한다.

여덟째로 손은 어깨높이와 넓이에서 배꼽높이와 넓이에서의 사각을 중심으로 안쪽에서 편안하게 움직이도록 한다. 손등보다는 손바닥이 위로 가도록 의식해야 하며, 허리벨트를 중심으로 손을 위치시키는 것이 편안해지도록 훈련한다. 눈은 호감을 줄 수 있는 밝은 눈빛, 입은 자연스러운 미소를 청중에게 보여줄 수 있도록 노력하자.

사실 강의 중 자세와 태도는 몇 번을 강조해도 부족함이 없을 것이다. 안정된 자세는 기본이고, 청중은 안정된 자세를 통해 신뢰감을 가지게 된다. 이제 막 강의를 시작하는 강사라면 좋은 자세를 습관으로 만드는 것이 좋고, 강의 경력이 많다면 항상 초심으로 나의 자세를 돌보는 노력을 해야 할 것이다.

전달력을 극대화하는
마이크 및 음향 사용법

참 별것 아니지만 청중은 강사가 어떻게 마이크를 잡는지를 보고 순식간에 강사에 대한 잣대를 만들어 버린다. 강사가 마이크를 제대로 잡고 있는 모습에서부터 청중은 '저 사람을 신뢰할 것인가 아닌가'를 결정한다. 특히 다음과 같이 마이크를 잡고 강의를 한다면 반드시 마이크 잡는 방법부터 다시 배워야 한다.

1. 마이크 헤드를 손바닥으로 감싸 쥔다. 일명 노래방 마이크 잡는 법
2. 마이크 연결선을 한 바퀴 감아서 마이크와 함께 잡는다.
3. 마이크를 땅과 수평이 되는 각도로 잡는다. 이렇게 잡으면 청중의 얼굴을 볼 수 없다.

강의의 기술

4. 마이크를 최대한 입술에 붙이고 말한다. 강연장은 노래방이 아니다.

그렇다면 마이크를 어떻게 잡는 것이 보기 좋을까?

먼저 각도는 땅과 수직으로 세워서 든다. 마이크를 턱에 붙인 후 마이크 볼 하나가 떨어진 정도까지 내린다. 또는 턱에서 직선으로 가상의 선을 긋고 그 선에서 마이크 하나 정도만큼 가슴 앞에 위치한다. 강의장마다 음향기기 성능이 다르므로 장비 탓을 하기보다는 그때의 환경에 맞춰 마이크를 적절히 활용할 줄 알아야 하겠다. 전체적인 마이크의 볼륨이 낮으면 마이크를 입에 가까이 놓고, 볼륨이 크다면 마이크를 입에서 좀 더 떨어뜨린다. 참고로 강사라면 최악의 경우에 대비해 휴대용 무선 마이크를 가지고 다니는 것도 추천한다.

BGM, 적절히 사용하기

강사의 깊이 있는 목소리가 적절한 BGM(background music)과 만나면 청중에게 파고드는 감정적 울림이 더욱 증폭된다. 특히 나는 평소 노트북과 USB에 300여 곡이 넘는 BGM을 저장해 두고 강연에서 전달하고자 하는 내용의 감정선에 따라 적절한 BGM을 골라 활용하고 있다. 첫 번째는 잔잔하게 마음을 파고드는 따뜻한 감성의 BGM이다. 가사 없이 연주되는 뉴에이지 음악 중에서 솔로 피아노곡 위주로 준비한다. 음악 스트리밍 사이트에서 뉴에이지 음악을 검색하면 교육에 바로 접목할 수 있는 아름다운 선율의 BGM을 준비할 수 있다. 보통 클로징 멘트나 좋은 글을 낭독할 때 활용할 수 있다. 두 번째는 즐겁고 밝은 느낌의 기분 좋은 BGM이다. 강의에서 활용되는 BGM은 가사가 없는 것이 좋다. 강사의 목소리와 가수의 음성이 겹치면 청중의 집중도가 현저히 떨어지기 때문이다. 이러한 느낌의 BGM은 청중들이 서로 토론하거나 스팟 등을 진행할 때 활용하면 좋다. 세 번째는 신나는 최신 가요이다. 가사가 있는 최신 가요는 쉬는 시간이나 레크리에이션, 스팟을 진행할 때 활용할 수 있다. 최근에는 거의 모든 강의장에 Wi-fi가 되고 있기에 유튜브 등에서 바로 검색해 청중에게 들려줄 수도 있다.

강사의 성향에 따라 BGM 활용을 어색해하거나 꺼려 할 수도 있다. 만약, BGM 없이도 청중에게 파고드는 메시지 등의 전달을 강력하게 할 수 있다면 굳이 BGM 등을 활용하지 않아도 된다. 그러나 청중의 입장에서 생각했을 때 그냥 강의를 듣는 것과 적절한 음악을 함께 듣는 것은 큰 차이일 수 있다. 타인 앞에 선다는 것은 한 사람의 인생에 지대한 영향을 끼칠 수도 있다는 것을 알아야 하고, 강사는 BGM 하나까지도 세심하게 선별하여 삽입할 줄 알아야 한다. 강사가 노력한 만큼 청중이 감동하고, 강사가 정성을 쏟는 만큼 청중의 마음이 움직인다.

08

판서는 하나의
강연 퍼포먼스 스킬이다

강의를 하다 보면 스크린을 통해 준비한 콘텐츠를 보여주기도 하지만, 화이트 보드나 칠판 등에 강사가 직접 필기나 그림 등을 그려가며 중요 내용을 짚어줘야 할 때도 있다. 혹시나 강의 중에 판서를 할 일이 발생하면 이 글을 토대로 조금이나마 판서의 질을 높일 수 있기를 바란다.

강사 중에는 의외로 판서가 어렵고 힘들다고 말하는 분들이 꽤 많다. 이유는 글씨가 예쁘지 않아서라고 하는데, 이에 대한 오해부터 풀었으면 좋겠다. 나는 판서를 하는 데 글씨체는 별로 중요하지 않다고 생각한다. 물론 글씨체가 예쁘면야 좋긴 하겠지만, 글씨체보다 더 중요한 것은 글씨의 일정한 크기와 줄에 맞춰 쓰여지고 있는가이다. 아울러 가장 큰 오해는 판서가 단지 칠판에 글을 적는 행위라고 보는 점이다. 내가 생각하는 판서는 '강연 퍼포먼스의 스킬'이다. 판서의 목적은 청중의 시선을 끌어당겨 집중력을 높이고 이해를 돕기 위함이다. 단지 강연의 주요 내용을 요약하는 것이 판서의 목적이 되어서는 안 된다.

판서를 잘하는 10가지 방법

첫째, 글씨체가 아니라 글씨 크기를 일정하게 하는 것이다. 칠판에는 가까이 다가가서 보면 일정한 간격의 선들이 그어져 있다. 선과 선 사이의 줄 크기를 보고 그 안에 맞추어 약 2/3~3/4 정도의 크기로 글씨를 쓴다. 처음 글씨보다 커지거나 작아지는 것을 조심하면 될 것이다.

둘째, 줄에 맞춰 쓴다. 판서를 할수록 줄이 올라가거나 내려가는 경우가 생긴다. 조금만 의식하면 줄이 보이고, 그 줄에 맞춰 쓰다 보면 충분히 예쁘게 판서할 수 있다. 특히 화이트보드에는 줄이 없으므로 일정하게 쓰는 것이 꽤 힘들다. 그렇다면 미리 화이트보드에 실선을 그어 놓거나 일정 간격마다 줄을 맞추어 점을 찍어 두는 등 표시를 해두면 좋다.

셋째, 판서는 좌측 상단에서 시작한다. 판서의 내용이 많을 경우, 칠판을 세로로 3~4등분 하여 좌측 상단에서부터 판서를 시작한다.

넷째, 들여쓰기에 신경을 쓴다. 들여쓰기는 문장을 새로 시작할때 오른쪽으로 한 칸 띄우고 쓰는 것을 의미한다. 들여쓰기를 잘할수록 청중은 판서된 내용을 깔끔하게 인식하고 필기할 수 있다.

다섯째, 가능하면 검정, 빨강, 파랑 3가지 색깔 안에서 판서를 해결하자. 빨강, 파랑색으로 판서를 할 경우 나름 규칙을 정하는 것이 좋다. '검정색은 전체 판서, 빨강은 중요한 x에 대해, 파랑은 중요한 y에 대해' 등으로 말이다.

여섯째, 절대로 등을 보이는 자세를 취하지 않는다. 칠판을 바라보고 서서 판서를 하는 순간 청중은 강사의 등을 보게 된다. 모든 강연의 기본 자세 중 하나는 청중에게 등을 보여서는 안 된다는 것이다. 판서를 할 때에도 청중을 바라보고 선 상태에서 오른손으로 글씨를 써나가면 될 것이다.

일곱째, 판서 중에도 스피치가 멈추면 안 된다. 만약 판서 내용이 많다면 강연 시작 전에 미리 판서를 해 두자. 강연이 시작된 후부터 강사의 입은 쉬고 있으면 안 된다. 비록 판서를 하게 되더라도, 판서의 내용을 설명하면서 판서를 해야 한다.

여덟째, 판서는 최대한 신속하게 끝낼수록 좋다. 청중은 강사의 판서 스킬을 보기 위해 온 것이 아니다. 강사의 지식과 지혜, 경험을 통해 자신을 성장시키기 위해 온 것임을 잊지 말자. 판서는 최대한 신속하게 끝내고 청중과 눈빛을 주고받는다.

아홉째, 판서는 강연 퍼포먼스의 일부분이다. 강연 중에 필요한 곳 또는 청중의 집중력을 끌어올리고 싶은 타이밍에 판서를 하게 되면 좋은 효과를 볼 수 있다.

마지막 열 번째, 판서를 뛰어나게 잘하는 것보다 판서를 뛰어나게 활용하는 강사가 되어야 한다. 솔직히 나는 강의 중에 판서를 즐겨 하는 편은 아니다. 다만, 스크린보다 판서로 표현하는 것이 더 좋을 때가 있음을 알기에 그런 상황에서는 적극적으로 판서를 하고 있다.

09

청중의 몰입도를 올리는 스토리텔링 기법

스토리텔링은 아주 먼 옛날부터 존재하고 발전해 왔다. 할머니가 손주에게 옛날이야기를 들려주는 것, 아빠가 아들에게 젊었을 적 무용담을 들려주는 것, 부족의 힘 센 사람이 부족원에게 사냥 경험을 전해주는 것, 이 모든 것이 스토리텔링이다. 스토리텔링은 간단하게 스토리와 텔링의 합성어로, 어떤 스토리를(what) 어떻게(how) 전달하느냐가 관건이다. 스토리텔링에서 스토리도 크게는 직접 스토리와 간접 스토리로 나누어진다. 직접 스토리는 말 그대로 본인이 직접 경험한 것이고, 간접 스토리는 타인의 경험 또는 신문, 뉴스, 드라마 등에서 가져온 것이다.

모든 스토리가 다 좋은 것은 아니다. 스토리텔링이 필요한 가장 큰 이유는 청중을 감동으로 몰아넣을 수 있는 가장 큰 힘이 있기 때문이다. 그렇기에 스토리텔링 할 내용 선택은 매우 중요하다. 스토리를 선정할 때는 가장 먼저 청중 모두가 호기심을 느낄 만한 매력적 소재여야 하고, 둘째로 청중 누구나 공감할 수 있는 사례여야 하며, 셋째로 인간의 희노애락, 오욕칠정의 감정 중에 하나 이상은 반드시 스토리에 내재되어 있어야 한다는 점을 고려해야 한다.

다음으로는 그 스토리의 구성이 흥미로워야 한다. 오래전 TV에서 방영되었던 '전설의 고향'이라는 드라마가 있었다. 수많은 에피소드를 남겼지만, 특히 구미호가 나온 회차에서는 시작부터 끝날 때까지 그렇게 무서워하면서도 이불 속에 숨어 손바닥에 땀이 찰 정도로 고조된 긴장감과 두려움을 이겨내며 봤던 기억이 난다.

무엇이 시작부터 끝까지 스토리에 빠져들게 만들었을까? 그것은 바로 잘 짜인 '구성'이다. 시작부터 극도의 공포감을 주고, 배경과 상황이 이어지며 위기를 설정하고, 주인공이 그 위기를 극복하면서 끝나는 권선징악의 스토리이다. 진부하기 짝이 없지만, 구성이 탄탄하기에 빠져들 수밖에 없다. 스토리텔링도 그냥 이야기를 하는 것이 아니라 치밀하게 기승전결을 구성하여 청중이 시작부터 끝까지 집중할 수 있도록 풀어나가야 한다. 그래서 나는 "스토리텔링은 강의 속에 소강의다"라고 표현한다.

스토리에 생명을 불어넣어라

아무리 소스를 잘 잡고, 구성을 잘해도 전달하는 방법이 살아있지 못하면 스토리텔링은 엉망이 되고 만다. 절대 오해해서는 안 되는 것은 기법이 뛰어나도 소스와 구성이 약하면 소용없다는 것이다. 소스, 구성, 기법 이 3가지가 조화롭게 섞여야 흥미로운 스토리텔링이 가능하다. 그렇다면 어떻게 스토리텔링에 생명을 불어넣을 수 있을까?

첫째, 강사 스스로가 감정에 대한 이해도를 높일 수 있도록 공부하고 체험해야 한다. 자신의 삶에서 경험한 슬픔, 기쁨, 성취, 고통 등의 경험을 끄집어내어 그때의 그 감정을 살려내 보는 것이다. 그리고 그 감정 상태를 유지하면서 스토리텔링을 연습한다. 둘째, 표정과 제스처가 살아있어야 한다. 끊임없이 거울을 보며 본인이 생각해도 자연스러워질 때까지 연습한다. 셋째, 가장 중요한 것은 메시지다. 그 어떤 스토리텔링도 하이라이트에 메시지가 담기지 않으면 안 하느니만 못하다.

조금만 찾아보면 스토리텔링에 사용할 소스들은 무궁무진하다. 단지 많은 강사가 자신의 스토리를 잘 꺼내지 못한다. 이 부분은 용기가 필요하기 때문이다. 조금이라도 더 강의력을 높이고자 한다면 스토리 소재 발굴에서부터 구성, 전달 훈련까지 쉬지 않고 반복해야 할 것이다.

10

하수는 어렵게,
고수는 쉽게 설명한다

충분히 쉽게 설명할 수 있음에도 어렵게 설명하는 사람은 하수 중의 하수이며, 일반적으로 이런 사람은 자기 과신, 자만, 우월감 등에 빠져 있는 경우가 많다. 자신은 쉽게 설명하고 있다고 착각하는 사람도 있다. 보통 이런 사람의 경우 강사로서 오래가지 못한다. 강사로서 고수가 되고 싶다면 깊이 공부하여 쉽게 풀어내는 노하우를 쌓아야 한다. 쉽게 설명한다는 것이 말처럼 쉽지는 않지만, '더 쉽게 설명할 수 있는 방법은 없을까?' 하고 고민하다 보면 아이디어를 얻기도 한다.

쉽게 설명한다는 것은 청중의 수준과 절대 무관하다. 학력이 높다 해서, 사회 고위층이라 해서, 특정 분야의 전문가라 해서 설명의 수준을 높일 이유는 없다. 청중의 수준과 상관없이 강의는 쉽게 진행되어야 한다. 또 어려운 용어를 남발하거나 외국어를 남발하지 말자. 해외생활을 오래 하신 분이 오히려 한국말로 유창하게 강의하는데, 이상하게 해외에 나가본 적도 별로 없는 분들이 시도 때도 없이 외국어를 섞어가며 강의를 한다. 어려운 용어를 부득이하게 넣어야 할 경우에는 반드시 뒤에 설명(풀이)하는 것을 잊지 말아야 할 것이다. 쉽게 설명하는 힘은 한순간에 생겨나지 않으므로 연습과 시도를 게을리하지 말자.

쉽게 설명하기 위해서는 '쉽다'라는 기준이 마련되어야 할 것 같은데, 보통은 초등학교 4~6학년 학생이 들어도 이해할 수 있는 수준, 근거나 사례는 비교적 청중에게 익숙한 것으로 선택, 구구절절 장황하게 이어가지 말고 핵심을 간결하게 전달하는 정도만으로도 강의가 쉽게 다가갈 수 있다.

청중은 여러 요소로 신뢰감을 형성한다

"직원들이 사장이 하는 말은 잔소리로 여기지만, 외부 강사들이 하는 강의에는 귀를 기울입니다."

이것은 지극히 당연한 인간의 행동심리이다. 아이들을 봐도 부모가 하는 말은 귓등으로도 듣지 않지만 옆집 아저씨가 하는 말은 잘 받아들인다. 아무리 뛰어나고 사회적 인지도가 높은 강사라도 자신의 경험담보다 특정 사례나 논문, 통계, 위대한 인물의 명언 등으로 자신의 주장을 대신할 때 청중은 강연에 더욱 큰 신뢰감을 갖는다. 그렇다고 해서 자신의 경험이나 지식을 강연 내용에 아예 넣지 말라는 것은 아니다. 청중에게 더욱 강한 임팩트를 주기 위해 자신이 전하고자 하는 지식이나 경험을 전달한 후 특정 사례나 논문, 위대한 인물의 이야기로 청중의 심장을 강타하는 것이 강의 효과를 높인다는 뜻이다. 청중은 내 이야기만으로 강연 내용을 100% 신뢰하지 않는다. 내 이야기에 다른 이의 지식과 경험, 통계 등의 메시지를 첨가해보자.

모르는 사람들은 강사가 그저 멋있는 직업이라고 생각하겠지만, 강사만큼 보이지 않는 곳에서 노력해야 하는 직업도 많지 않다. 단 한 번의 강의를 위해 보이지 않는 곳에서 혼신의 힘을 다해 준비해야 하는 사람들이 강사다.

청중과의 친밀감을 쌓아주는
라포 형성법

    일반적인 인간관계를 비롯하여 상담, 정신치료, 비즈니스 등 모든 부분에서 라포 형성은 매우 중요한 요인이 된다. 라포가 형성된다는 것은 상호 간에 공감대가 형성된다는 것이며, 친밀도 향상 또는 신뢰 관계의 성립을 만들어준다. 라포 형성은 강의에서도 매우 중요하게 작용한다. 강사와 청중이 만나는 그 순간 얼마나 빨리 라포를 형성하는가에 따라서 강의의 결과가 달라질 수 있다. 대부분의 강사들이 라포 형성과 관련해 큰 오해를 하는 부분이 있다. 강사에게 있어 라포 형성은 강사와 청중 간에 일어나는 상호작용이라고만 생각한다는 점이다. 그렇다면 강의 현장에서 라포 형성은 어디에서 일어날까?

첫째, 강사와 학습자 사이의 라포 형성

둘째, 학습자와 학습자 사이의 라포 형성

셋째, 학습자와 공간 사이의 라포 형성

넷째, 학습자와 진행자 또는 담당자 사이의 라포 형성

이 중에서 강사는 넷째를 제외한 모든 것을 컨트롤할 수 있어야 한다. 청중과 건강한 방식의 라포를 형성하려면 어떻게 해야 할까?

첫째, 강사의 첫인상이 중요하다. 강의장에 도착하기 1킬로미터 전부터 얼굴 근육을 풀고 미소를 머금는다. 우연히 길목에서 만난 누군가가 강의장 맨 앞줄에 앉아 있을 수도 있다. 화장실에 들려 거울을 보고 얼굴 및 복장을 점검한다. 만나는 사람마다 환하게 웃으며 먼저 인사하자. 둘째, 끊임없이 청중과 소통한다. 강의장에 도착하는 순간부터 낯선 청중과 인사를 나누고 강의를 준비하면서도 소통하자. 간단한 인사도 좋고, 날씨에 대한 대화도 좋다. 긍정적 접촉이 있어야 친밀도가 올라간다. 셋째, 유사성을 확보한다. 사람은 행동심리학적으로 유사한 성질(예 : 학연, 혈연, 지연 등)의 것으로 묶이는 순간 급속도로 라포가 형성된다. 즉, 친밀도가 급격히 향상된다는 말이다. 청중을 유심히 관찰하면서 유사성으로 묶을 수 있는 것을 찾는다. 옷 색깔, 스타일, 안경, 관심사, 자녀, 지역 무엇이든 좋다. 넷째, 격을 낮춘다. 대부분의 청중은 강단에 서는 교수나 강사에 대해 어려워하는 편이다. 강의를 시작하면서 첫 이미

강의의 기술

지에서 '그렇게 어려운 사람 아니다, 그렇게 딱딱한 사람 아니다, 재미있는 사람이다, 내 강의는 재미있을 것이다'라는 인식을 심어주어야 한다. 다섯째, 청중 간에 라포 형성을 시도한다. 청중과 청중 사이가 어색할수록 강의는 무거워진다. 반면에 청중 사이에 즐겁게 라포가 형성되면 전반적으로 강의장의 분위기가 살아나고, 재미가 더해진다. 간단한 인사 나누기도 좋다. 명함을 교환하거나 명찰을 들고 주변에 있는 분들과 이름을 소개하도록 유도하는 것도 좋다. 청중 간의 라포를 형성하는 것과 안 하는 것은 분명히 차이가 있다는 것을 기억하자. 여섯째, 모두가 공감할 수 있는 소재로 강의를 시작한다. 최근에 가장 이슈가 되고 있는 영화, 사건, 이벤트 등의 소재를 재미있게 스토리텔링 하면서 청중의 호기심을 자극하면 곧 라포를 형성하는 데 큰 힘이 된다.

　최소한 강의를 시작하면서 이 6가지 정도라도 신경을 쓴다면 강의의 분위기가 확연하게 달라질 수 있을 것이다. 아무리 좋은 콘텐츠를 열심히 준비했다 하더라도 시작이 좋지 않으면 청중은 귀를 닫고 눈을 가린다는 사실을 명심하자.

상위 1% 강사의
공부법

강의를 준비하고, 멋지게 강의하는 것만큼 중요한 것이 또 있다. 의외로 많은 강사가 이 부분을 간과하거나 중하게 여기지 않는다. 하지만 고객사로부터 꾸준히 강의요청을 받거나 강의력이 높다고 평가받는 강사들을 보면 다수가 자신만의 방법으로 강의 기록을 남긴다는 것을 발견할 수 있다. 그렇다면 강의 기록은 왜 남겨야 하는 걸까?

첫째, 강의경력에 들어갈 확실한 근거자료가 된다.

둘째, 추후 고객사와의 소통에서 유용한 자료로 활용된다.

셋째, 강의 기록을 남기면서 스스로 피드백할 수 있다.

넷째, 강사로서의 역사가 눈에 보인다.

다섯째, 마케팅 자료로 활용할 수 있다.

그렇다면 이렇게 중요한 강의 기록에는 어떤 내용을 남겨야 할까? 첫째, 강의 날짜, 대상, 인원, 주제, 강의 시간을 기록한다. 둘째, 강의 전에 요청받은 교육 니즈를 기록한다. 셋째, 무엇을 중점으로 강의를 준비했는지 기록한다. 넷째, 강의를 어떻게 진행했는지 요약하여 기록한다. 다섯째, 강의에서의 특이사항이 있었다면 구체적이고 상세하게 기록한다. 여섯째, 스스로에게 피드백할 사항이 있으면 기록한다. 일곱째, 다음 강의 일정이 무엇인지를 기록한다. 여덟째, 강의 현장 사진을 기록한다. 단, 강의 현장 사진을 블로그나 페이스북, 인스타 등 SNS에 기록으로 남길 때는 청중의 초상권에 주의한다. 또 강의 기록을 어디에 남길지는 본인의 선택에 따르면 된다. 다만, 마케팅적으로 활용할 경우에는 주의할 점이 있다. 고객사에 대한 부정적인 표현을 군이 언급하지 않는다거나 고객사의 정보를 무분별하게 노출하지 않도록 하는 것이다.

사실 강의 후에 기록을 남긴다는 것은 익숙하지 않은 이들에게는 매우 번거로운 일이다. 그러나, 매 강의 후에 강의 기록을 남기는 사람으로서 기록하는 것과 하지 않는 것의 차이를 확연히 느끼고 있기에 이 책을 읽으시는 모든 분은 강의 후에 꼭 기록으로 남겨보시기를 권하고 싶다.

강사라면 해야 할 5가지 공부

　강사는 기록과 더불어 끊임없이 공부해야 한다. 그중에 자신의 전공 강의 분야와는 별도로 평소 꾸준히 공부해야 할 5가지가 있다는 생각에 공유해 본다. 비록 아무리 바쁘더라도 이 5가지에 대한 공부는 지속성을 가지고 꾸준히 해주어야 한다. 앞으로 하게 될 강의에서의 내용을 더 풍성하게 해주고, 보다 깊이 있는 강의를 만들어주는 재료가 되기 때문이다.

　첫째로 역사를 공부해야 한다. '역사'라는 육중한 단어에 눌리지 말고 가벼운 마음으로 가까운 도서관에 가서 초등학생들이 즐겨보는 만화로 된 역사책을 읽어보자. 둘째로는 지리를 공부해야 한다. 최소한 지도상에 어느 나라가 어디에 있고, 그 나라의 수도는 어디인지 정도만이라도 알고 있어야 한다. 셋째, 트렌드를 읽을 줄 알아야 한다. 강의하는 사람이 구시대적 사고로 강의한다는 것은 말조차 되지 않는다. 앞서가지는 못하더라도 최소한 뒤처지지는 말아야 하기에 트렌드에 관심을 갖는 태도는 매우 중요하다고 생각한다. 넷째, 가장 어려운 공부이지만, 사람에 대해서 이해해야 한다. 강사는 사람을 상대하는 직업이다. 사람을 상대하면서 사람을 모른다면 어떨까. 최소한 성격유형 프로그램 중에서 한 가지만이라도 파고들어 공부해보자. 에니어그램, MBTI, DISC 등이 대표적이다. 다섯째, 마음공부를 게을리해서는 안 된다. 마음공부라고

　　　　　　　　　　　　　　　　　　　　　강의의 기술

하면 무척이나 어렵고 대단한 일이라고 여기는 사람들이 많지만, 실천할 수 있는 것부터 차근차근 죽을 때까지 갈고닦아 나간다는 마음으로 접근하면 어떨까 한다. 청중은 강사에 대해 무의식적으로 동경하는 마음을 가지고 있다. 그러한 마음에 응하기 위해서라도 마음공부를 통해 자신의 인격을 높여가야 한다.

뮤지컬에 도전하다!

'더 많은 감동을 줄 수 있는 강의 방법은 없을까?'

강사로 살아가는 나에게는 가장 큰 고민거리이다. 청중에게 더욱 진한 감동을 줄 수 있는 뭔가가 분명히 있을 것 같은데 쉽게 찾아지지 않았다.

그러던 어느 날, 내가 태어나고 자란 대학로에서 부부 동반으로 뮤지컬을 한 편 보게 되었다. 자그마한 소극장에서 보게 된 뮤지컬의 제목은 〈사랑은 비를 타고〉였다. 대학로에서 정말 오랫동안 장수하고 있는 잘 만들어진 가족 사랑 뮤지컬이다. 배우들이 나와서 노래를 하고, 춤을 추고, 연기하는 모습에 흠뻑 빠져 있던 나는 갑자기 똘끼가 발동되기 시작했다. 단 한 번도 연기를 배워 본 적도, 노래를 배워 본 적도 없는데 무슨 깡다구가 생겨난 건지 '이거다! 내가 찾던 거야!'라는 생각이 떠나지 않았다.

하늘이 도우심인지 감사하게도 단국대학교 뮤지컬학과 학생들을 알게 되었고 그 친구들의 도움으로 뮤지컬 창작극 〈아버지〉를 탄생시켰다. 대본은 고치고 또 고쳐서 만들고 무려 3개월을 연습했다. 연습기간 동안 나이 어린 친구들의 다양한 구박을 견뎌야 했다. 그리고 2014년 9월 26일 금요일, 드디어 대학로의 아담한 소극장을 빌려 기업의 교육담당자들을 모시고 초청 공연을 펼치게 되었다. 단 한 번에 승부를 봐야 하는 진짜 라이브 공연이어서 긴장이 안 되려야 안 될 수가 없었다. 무대 뒤에 숨어 관객석을 바라보니 약 50명의 청중들이 소극장을 가득 채웠고, 배우들이 등장하길 기다리고 있었다. 무대 뒤에 숨어 공연의 시작을 알리고, 모든 것이 암전된 후 조용히 무대 중앙으로 나가 지그시 청중을 바라보았다.

"최창수 씨, 요즘 뭐가 제일 힘드세요?"라는 상대방의 물음에 잠시 머뭇거리며 첫 대사를 읊었다.

"외로움이요."

모든 공연이 끝난 후 많은 관객의 눈에서 흐르는 눈물에 죄송스러움과 뿌듯함이 교차했다. 그리고 그것을 시작으로 국토교통부, 세아 등 기업 행사 및 교육 프로그램에 초청되어 강의와 공연을 함께 선보이는 나만의 콘텐츠 시장을 만들었다.

나는 늘 익숙해지는 것을 경계한다. 내 삶에서도 그렇지만 내 업에서도 마찬가지이며, 고객의 눈높이에 내가 익숙해지는 것 역시 경계한다. 항상 새로운 것을 갈망하고 용기 내어 도전하고, 강의에 접목시켜 가는 것, 그것이 나를 강사로서 살아있게 하는 비결인 듯하다.

CLASS

05

강의를 더욱 재미있게

만드는 11가지 SPOT

스팟(SPOT)이란
무엇인가

　강의를 보다 재미있게 만들기 위해 사용하는 일종의 전환점이 바로 스팟(SPOT)이다. 스팟 기법이란 짧은 시간 내에 청중의 집중력을 끌어올리고, 능동적이고 긍정적인 참여를 유도하는 기법으로 때로는 청중들 간에 일체감이나 성취 욕구를 북돋아주는 역할을 한다. 대부분의 강사 또는 교육을 담당하는 분들이 스팟은 강의 도입부에서 활용하는 것이라 생각한다. 또 스팟은 짧고 대단히 재미있어야 한다고 생각한다. 하지만 이것은 스팟 기법을 활용하는 데 있어서 아주 작은 일부분일 뿐이다. 스팟은 강의 도입에도 들어갈 수 있고, 중간에도 들어갈 수 있으며, 클로징에도 들어갈 수 있다. 언급한 대로 청중의 집중력을 끌어올릴 수 있는 장치의 모든 것이 스팟적 요소라는 점을 이해해야 한다. 예를 들어, 단순한 게임을 시작으로 음악, 장면의 전환, 짧은 스토리텔링, 강사의 목소리 변화나 움직임, 동영상 등의 모든 것들이 스팟이라 할 수 있다.

스팟은 짧게는 3~5초, 길어도 5분 이내에 진행될 수 있도록 준비하는 것이 좋다. 자칫 스팟이 길어지면 청중은 '가족오락관도 아니고 이런 거 하려고 여기에 와 있나?'라는 생각을 할 수도 있다. 또한 스팟은 재미있어야 한다. 짧은 시간 안에 재미적 요소를 담아 청중을 들었다 놔야 한다. 퀴즈, 음악, 춤, 스트레칭, 게임, 동영상, 글 등의 요소를 삽입하여 청중이 재미있어 한다면 그것만큼 강의에 탄력을 주는 것도 없다. 60분 기준 강의에서 스팟은 3~5개가 적당하고 앞에서 게임을 했으면 다음에는 동영상, 그다음은 음악 등으로 스팟을 다양하게 진행해야 더욱 리드미컬한 강의가 진행될 수 있다. 무조건 재미 위주가 아닌 스팟에도 메시지가 담겨 있어야 한다. 만약 아무런 의미 없이 스팟만 진행한다면 개그 또는 레크리에이션과 다를 바 없다. 강의를 하는 사람이라면 짧은 스팟 안에도 메시지를 담아낼 줄 알아야 할 것이다.

모든 것이 교구가 된다

교육에서 사용하는 도구는 모두 교구이다. 교구를 활용한 강의

만큼 쉽고 재미있으면서 청중의 집중도를 끌어올리는 방법은 많지 않다. 적재적소에 교구를 활용한 학습의 변화를 줄 수 있다면 강의의 질이 달라지고 청중의 만족도도 높아진다. 거창한 교구만을 상상하지 말자. 강의장 안에 오직 A4용지뿐이라도 A4용지를 교구로 활용하는 방법은 얼마든지 있다. 예를 들어, 팀원들과 상의해 가장 멀리 날아가는 종이비행기를 만들 수도 있고(창의력을 주제로 한 강의에서 활용하면 좋다. 대부분 어릴 적에 만들어 본 추억을 살려 종이비행기를 만들지만 여기서의 중점은 '가장 멀리 날아가는' 비행기이다. 종이를 야구공처럼 단단하게 뭉쳐서 던질 때, 가장 멀리 그리고 가장 똑바로 날아간다), A4용지를 활용할 수 있는 것을 5분 이내에 30가지 적어보기를 할 수도 있다(상상하지도 못할 아이디어가 쏟아져 나온다. 심지어 화장실에서 용변 후 휴지로 활용한다는 말이 나올 정도다).

교구를 활용한 학습 준비법

이제부터 모든 사물을 교구로 생각하고 '내 강의에서 이것을 교구로 활용할 수 있을까? 이것을 교구로 활용한다면 어떻게 강의에 접목하면 좋을까?'를 고민한다. 나는 문구 도매 골목 등을 자주 다닌다. 최근 기업교육에서 인기 있는 교구들은 대부분이 어린이 학습 교구에서부터 발전되어 성인교육에서 히트 교구가 될 수도 있기 때문이다. 참고로 나는 2001년에 레크리에이션 1급 지도자 과정을 수료했다. 본격적으로 레크리에이션 진행하는 법을 배우는 것도 추천한다.

특히 교구를 이용하면 강의력은 점점 더 진화한다. 너무 완벽하게 다 갖추고 강의에 접목하려 하지 말고, 교구 활용 학습은 할수록 발전하니 어느 정도 연습을 마치면 바로바로 실전에 적용해 보는 것이 좋다. 처음에는 거창한 도구보다 비용 대비 효과가 큰 소소한 도구들로 교구 학습을 만들어 본다. 1만 원 이하의 투자로도 30~40명이 임팩트 있는 시간을 보낼 수 있다. 그럼에도 불구하고 '이거다' 싶은 아이템이 있으면 과감하게 투자하자. 보다 큰 매출과 교육 시장을 확보하고 싶다면 과감한 투자도 생각해야 한다. 교구에 대한 접근이 어렵다면 전문가들의 교육에 참여해보는 것도 좋다. 나도 최근 이슈가 되고 있는 교육이나 강연은 직접 신청해 듣는 편이다.

60분이라는 시간을 오로지 강연자의 스피치로 채우는 것은 쉽지 않다. 짧게라도 청중이 직접 참여하여 체험하고 깨달을 수 있는 교구 학습 무기가 장착되어 있다면, 강의의 재미와 질이 달라질 수 있다. 성인교육은 가르치는 것보다 이미 알고 있는 것을 끄집어내는 데 그 목적이 있다.

강의의 기술

자발적 참여를
이끌어내는 토론 기법

수많은 조직에서 새로운 아이디어를 도출해 내기 위해 다양한 토론 기법을 활용하여 워크숍을 진행한다. 하지만 평소 활발한 토론문화가 정착되어 있지 않다면 원하는 결과지를 도출하기란 정말 쉽지 않다. 그래서 강사와 같은 전문가가 필요한 것이다. 수많은 기업에서 전문가라 여기며 강사를 초빙하지만, 솔직히 강사들의 역량이 천차만별이라 누가 진행하는가에 따라 토론 분위기가 확연히 다를 수밖에 없다.

토론이나 아이디어 회의 진행에 앞서 강사가 반드시 정해 놓아야 하는 기준이 있다. ① 중립적 위치를 확실하게 지킨다. 절대로 청중의 이야기에 자신의 감정이나 사견을 넣지 않는다. ② 강의가 아닌 토론 진행에 모든 초점을 맞춘다. 강사로서 전하고자 하는 메시지는 토론 사이사이나 말미에 짧고 강렬하게 전한다. ③ 시간 분배를 정확하게 한다. 주어진 시간 안에서 최상의 결과를 도출해 내야 하기에 강사가 확실하게 시간을 분배하며 인식하고 있어야 한다.

이 3가지 기준은 그 어떤 곳에도 적용이 된다. 토론 진행 시 절대로 간과해서는 안 되는 부분이다. 별것 아닌 이 3가지를 지키지 못할 시에 토론은 심한 말로 엉망진창이 될 수도 있다. 또한 토론이 활발하게 진행될 수 있는 분위기부터 강사가 조성한다. 토론이 잘 이루어지려면 청중의 말문이 열려야 한다. 갑자기 토론을 진행하라고 한다면, 세상 그 어떤 사람도 즉각적으로 토론에 활발하게 참여하지 못할 것이다.

토론 진행 순서

1) 강사 소개
2) 팀 결성(경험상 최소 3인부터 최대 8인이 좋으며, 팀의 수는 강의
    장 크기와 인원수를 고려해 결정)
3) 스피드 토론

토론 또는 아이디어 도출을 위해 바로 중점사항으로 들어가기에는 아직 청중의 말문이 확 열린 상태가 아니다. 보다 더 활발하

게 자기 생각을 밖으로 토해낼 수 있는 계기가 필요한데, 이때 스피드 토론을 활용한다. 스피드 토론은 말 그대로 주어진 과제에 대해 최단 시간 내에 최대한 많은 것을 뽑아내는 것이며 본 주제로 가기 위한 다리 역할을 한다. 스피드 토론의 결과 작성은 전지를 활용하며, 결과 발표 또한 스피디하게 진행한다.

4) 본격적인 토론

토론 주제 선정에 있어서 사전에 담당자와 확실하게 의견을 조율한다. 브레인스토밍, 체크 리스트, NM법 등 강사는 다양한 기법 중에서 어떤 기법으로 토론을 진행할지에 대해 명확하게 정해야 한다. 또한 '어떠한 의견도 비판하지 않기, 주어진 시간 내에 최상의 결과 도출하기, 아이디어 개수' 등 토론 방법 및 규칙을 반드시 설명하고 들어간다.

5) 끝날 때까지 함께

토론 시간 동안 청중과 함께하면 추후 토론 발표 진행에서 적절한 멘트들이 쏟아진다. 만약 이때 다른 곳에 가 있거나, 책상에 앉아 쉬거나, 다른 일을 보는 등으로 시간을 허비한다면 추후에 맛깔스런 진행은 거의 어렵다고 봐도 무방하다. 그동안 10분 간격으로 토론 시간이 얼마나 흘렀고 남았는지를 알려주거나, 종료 10분 전부터 속도가 느린 팀에는 정중하게 빠르게 진행할 것을 요청하거나, 토론이 종료된 후에는 반드시 서로 수고하셨다는 의미에서 박수를 유도하는 등의 진행을 해야 한다.

6) 발표 진행 기법

모든 것을 청중이 스스로 결정하여 선택 및 발표하도록 한다. 모든 사람은 혼자 주목받는 것에 대해 꽤 큰 거부반응을 가지므로 용기를 내고 기분 좋게 참여할 마음을 심어주어야 한다. 특히 한 팀당 인원이 많은 경우에는 팀 내 투표로 발표자를 선정하고 함께 고생할 한 사람을 지목해 작성된 전지를 들고 함께 앞으로 나온다. 1팀은 2팀으로, 2팀은 3팀으로, 3팀은 4팀으로, 4팀은 5팀으로, 5팀은 1팀으로 발표자가 이동하며 발표하는 방식도 있다. 이때 재미를 위해 팀원들에게 "잘 다녀오겠다"라는 인사를 시키고 발표를 마치고 팀 내에 복귀하면 수고했다는 의미로 박수를 유도한다. 모든 발표가 끝나면 각 팀의 결과가 담긴 전지를 벽에 부착하여, 모두가 볼 수 있도록 조치한다. 상황에 따라 다양한 아이디어 중에서 가장 현실적이거나 즉시 적용 가능한 것, 가장 뛰어난 아이디어 등을 스티커 등을 이용하여 투표한 후 상위를 차지한 내용을 통해 실제 적용 방안 등을 주제로 다시 토론에 들어갈 수 있다.

7) 클로징

토론 또는 아이디어 회의에서 강사가 메시지를 날릴 수 있는 가장 소중한 시간이 클로징이다. 절대로 길면 안 되며, 2~3분 이내로 짧고 임팩트 있게 메시지를 준비한다. 절대로 주장을 펼치지 말고 '나의 의견은 이렇다' 또는 '이렇게 생각한다' 정도로 표현하면 좋을 것이다.

강의의 기술

강의에 적용할 수 있는
SPOT 1. 나를 그려주세요

준비물) 개인별 종이(A4), 펜, 연필, 지우개, 색연필 등

언제) 오프닝 때 진행하면 라포 형성에 좋음

소통, 공감, 커뮤니케이션 등의 강의

진행)

· 난이도 하) 2인 1조로 서로를 마주 보며 파트너의 얼굴을 그리게 한다.

· 난이도 중) 2인 1조로 서로를 마주 보고 얼굴을 관찰한 후 서로 등
을 마주 대고 앉아 얼굴을 보지 않고 그리게 한다.

· 난이도 상) 팀플레이로 팀원들의 얼굴을 함께 그려간다.

1~3분 정도 시간을 주고 그리게 한 뒤, 종이를 오른쪽으로 전달

하여 종이의 주인공이 누구인지를 확인한 후 미완성의 작품을 여러 사람을 거쳐 완성해 나간다. 이런 방식으로 한 바퀴를 돌아 완성된 작품이 본인에게 돌아올 수 있도록 하는 것이다. 준비물도 간단하며, 진행 방법도 어렵지 않다. 중요한 것은 메시지다.

이렇게만 하고 끝낸다면, 쌀을 씻어 가스레인지에 올린 후 불을 켜지 않은 것과 다르지 않다. 자연스럽게 본 강의에 이어질 수 있도록 15초~30초 길이로 메시지를 청중에게 전해주면 이 간단한 게임이 상당히 의미 깊은 체험으로 청중에게 기억될 것이다. 예를 들어, 이러한 멘트가 될 수 있을 것이다.

"파트너의 얼굴을 그리기 위해 우리는 관심을 가지고 바라보았습니다. 마찬가지로 누군가와 공감하고 싶다면 가장 중요한 것이 바로 관심입니다. 지금부터 말씀드릴 저의 강의에서 관심이란 무엇이고 관심이 삶에 미치는 영향이 어떤 것인지에 대해 함께 생각하고 공감해 갔으면 좋겠습니다."

레크리에이션이나 SPOT 게임 등을 진행할 때 강사가 항상 생각해야 할 것이 있다. 레크리에이션, SPOT 게임을 진행할 때의 강사는 강사가 아니라 여행의 가이드가 된 것과 같아야 하고 강사가 아니라 참가자들 속에 녹아 들어가 그들과 함께 즐길 수 있어야 한다는 점이다.

04

강의에 적용할 수 있는
SPOT 2. 행복한 관계 맺기

준비물 3×3의 빈칸이 마련된 용지를 인원수대로 출력하여 가운데 칸에는 '나'라고 적는다. 다음의 표는 강사 PPT에 넣어두고 문구는 바꾸어도 좋다.

나의 인간관계

1. 평생 친한 친구	2. 수다 떨고 싶은 친구	3. 결혼하고 싶은 사람
4. 밤늦게 전화해도 반가운 사람	5. '나'	6. 보이지 않는 곳에서 도와주는 사람
7. 나를 사랑하는 사람	8. 내가 진심으로 대하지 않으면 돌아설 사람	9. 친하지도 싫지도 않은 사람

쉬는 시간이 끝난 후 다음 시간을 시작할 때

오프닝에서는 라포 형성 후 진행

진행

　종이를 나눠준 후 모든 청중을 자리에서 일어날 수 있게 유도한다. 이후 강의장을 돌아다니며, 총 8명을 만나 자기소개를 하고 원하는 번호에 상대의 이름을 적게 한다(상대가 원하는 위치를 선택하여 적게 할 수도 있다). 이때 밝은 분위기의 음악을 틀어주면 더욱 좋다. 1~9번까지 다 채운 분들은 자리에 앉힌다. 착석이 완료되면 각 번호에 해당되는 내용을 차례대로 보여주면서, 서로 다시 한번 바라보고 인사할 수 있도록 유도한다.

　이 SPOT은 비교적 낯설었던 사람들이 서로 한 번 보고, 두 번 보고, 세 번 보게 되면서 조금씩 친숙해지는 데 도움을 준다. "서로 친해진 이 분위기 그대로 교육을 마치는 시간까지 함께 웃으며 소통하고 성장하는 워크숍이 되었으면 좋겠습니다. 그럼 본격적으로 이번 시간 강의를 시작하겠습니다"라는 적절한 멘트로 유쾌하게 마무리 짓는다.

강의에 적용할 수 있는
SPOT 3. 칠교놀이

[준비물] 칠교놀이 세트, 서류봉투, 포스트잇, 필기구(팀 수만큼 준비)

[언제] 커뮤니케이션 또는 소통과 관련한 강의에서 활용

전략이나 협상과 관련한 강의에서 유용하게 활용할 수

있는 게임

[진행]

칠교세트는 반드시 전체 팀 수와 동일해야 한다. 서류봉투 안에

칠교세트의 7가지 조각 중에서 3가지의 종류만 들어갈 수 있도록

선별하여 넣어둔다(종류는 3가지로 하되 조각의 수는 7조각이 되어야

한다). 아울러 포스트잇 및 필기구도 함께 넣어둔다. 강의가 시작되

면 대략적인 게임 설명 후 각 팀별로 봉투를 나누어 준다. 이 게임

은 총 1부와 2부로 나뉘며 1부 먼저 소개한다.

첫 번째 칠교게임

첫째, 다른 팀과의 의사소통은 오직 봉투 안의 포스트잇으로만 가능하다. 즉 다른 팀과 의견을 나누고 싶을 때는 반드시 포스트잇에 적어서 전달자(강사)에게 전해주어야 함을 알린다. 둘째, 반드시 포스트잇에 무슨 팀에서 무슨 팀으로 전달하는지를 적게 한다. 셋째, 답장을 보낼 때도 마찬가지 룰이 적용됨을 알린다. 팀이 가진 조각들을 다른 팀에서 볼 수 없도록 철저하게 보안을 지켜줄 것을 당부한다.

첫 번째 칠교게임은, 서로 다른 7가지 조각을 찾는 것이다. 최대한 빨리 다른 팀이 보유한 조각을 파악해 물물교환을 하는 것이다. 보통 1부 게임이 시작되면, 15~20분 정도가 지나야 첫 번째로 7가지 서로 다른 조각을 찾은 팀이 나타나게 된다. 모든 팀이 다 성공하기에는 시간이 꽤 걸리므로 1~3위 팀까지만 선정 후 나머지 팀들은 공동 4위로 하여 가지고 있는 조각을 가지고 가운데 모여서 서로 다른 조각을 찾아가도록 유도하는 것이 좋다. 또한, 강사는 끊임없이 움직이며 메모지를 정확하게 전달해 주고, 각 팀이 눈빛 교환 및 의사소통을 하지 못하도록 웃으면서 주의를 줘야 한다.

두 번째 칠교게임

[진행]

두 번째 칠교놀이를 진행하기 위해서는 2장의 PPT 페이지를 미리 만들어 놓아야 한다. 첫 페이지는 블랙 페이지이며, 두 번째 페이지는 칠교 조각으로 만든 모양 이미지이다. 이 게임을 즐겁게 하기 위해서는 강사가 모양 이미지를 보여주는 시간이 1초 이내로 짧아야 한다. 1부가 팀과 팀 사이에 얼마나 활발하게 소통이 이루어졌는가가 관건이었다면 2부는 팀 내 팀원들 간의 팀워크가 얼마나 활발하게 이루어지는가에 따라 결과가 다르게 나타날 수 있다. 보통 4~5회 정도만 보여주면 한 팀씩 원하는 모형을 만들어낸다. 모든 팀이 칠교로 모형 만들기를 완성하게 되면 클로징을 시작한다.

보통 칠교놀이를 진행하게 되면 짧게는 1시간에서 길게는 1시간 30분 정도가 소요된다. 칠교 1세트에 약 2천 원, 포스트잇 1,500원, 사인펜 500원 정도이며 팀이 6개라고 가정하면 총 24,000원의 금액으로 굉장히 의미 있는 시간을 만들어낼 수 있다. 스팟이나 게임은 규모가 커야 하고, 비싼 게임 물품이 필요하다는 것은 선입견이다. 이렇게 적은 비용으로도 기대 이상의 교육적 게임을 충분히 이끌어갈 수 있다.

06

강의에 적용할 수 있는
SPOT 4. 인생기업 CEO 되기

(준비물) 사업자등록증 용지

(언제) 동기부여 강의에서 활용

(진행)

　각자의 삶을 기업이라 여기고, 스스로 내 인생기업의 경영자가 되어보자는 멘트와 함께 사업자등록증 용지를 나눠주며 작성하도록 한다. 각 항목의 상호, 대표자명, 사업장소재지, 종류에는 직업, 종목에는 직업의 세부적인 직무 분야를 적도록 유도한다. 마지막으로 날짜와 서명, 사인을 하면 끝난다.

　사업자등록증 작성이 끝나면 서로 발표해보는 시간을 가져도 좋고, 나에게 주는 상장이나 동료에게 주는 상장으로 응용해서 진행해 볼 수도 있다. 마지막으로 "저는 사는 대로 생각하지 말고, 생각하는 대로 살아라라는 말을 참 좋아합니다. 이제 여러분은 꿈을 현실로 끄집어내셨습니다. 이제 그 꿈을 이루어가기 위해 필요한 것은 실행입니다. 작성하신 그 꿈의 내용이 이루어질 수 있도록 생각하는 대로 살아가는 열정적인 여러분이 되시기를 바랍니다. 감사합니다"라는 말로 클로징을 해주면 좋다.

07

강의에 적용할 수 있는
SPOT 5. 부자 되기

준비물) 백지수표 (구글 등에 검색하면 백지수표 이미지가 있다. 출력

하여 인원수에 맞게 준비한다), 검정 볼펜

언제) 청중이 지루해할 때

돈(부)과 관련한 이야기를 해야 할 때

진행)

　10년 후(또는 3년 후, 5년 후 등)에 나는 얼마나 많은 자산을 보유

하고 있는 부자가 될지를 생각하게 한 후 먼저 교재 등에 적게 한

다. 이후 백지수표를 나누어주며, 그 금액을 수표에 적어 지갑 등

에 넣게 한다. 수표 앞면 또는 뒷면에 다짐의 문구를 적게 하는 것

도 좋다. 응용법으로는 파트너끼리 서로 마주 보게 한 후 10년 후

에 이 사람은 얼마나 많은 자산을 보유한 부자가 되어 있을까 또는 10년 후 부자가 되어 나의 파트너에게 아무 조건 없이 줄 수 있는 금액은 얼마인가를 생각하게 한 후 백지수표를 나누어주고 적게 하여 파트너에게 선물할 수 있도록 진행한다.

끝으로 "이제 여러분은 부자가 되기 위한 도전을 시작하셨습니다. 방금 전에 숫자를 적어 소중히 간직하신 그 백지수표가 쓰레기가 될지, 꿈의 원동력이 될지는 오로지 여러분들에게 달려 있습니다. 지금 제 앞에 계시는 모든 분의 꿈이 현실이 되기를 저 또한 진심을 다해 응원드리겠습니다. 서로를 바라보시면서 부자의 꿈을 이루시라고 뜨거운 응원의 박수 부탁드립니다"라는 멘트로 마무리한다.

08

강의에 적용할 수 있는
SPOT 6. 퍼즐게임

준비물 퍼즐게임판, 서류봉투, A3 두꺼운 용지, 연필, 크레파스,
　　　　가위

언제 교육 참가자들 간의 소통, 화합이 필요할 때

진행

　팀별로 제공할 물품들을 무대 앞에 세팅해 놓고 미션에 사용될
각 팀별 퍼즐게임은 미리 분해하여 서류봉투에 넣어 둔다. 진행 방
법을 설명한 후 강사의 시작 신호와 함께 팀 대표가 빠르게 앞으로
나와 봉투 하나를 가지고 들어간다. 즉시 팀원들과 합심하여 흩어
진 퍼즐 조각을 완성해 내면 된다. 최단 시간 내에 완성한 팀 순으
로 순위를 매긴다. 응용법으로는 완성된 퍼즐을 분해하여 봉투에

넣은 후 앞쪽으로 가지고 오게 한다. 강사는 봉투를 적절히 섞은 후 다시 한번 미션을 진행한다. 2~3회 정도 진행 후에 난이도 상으로 넘어가면 된다.

이 게임은 난이도 중과 상으로 나누어지며, 난이도 중은 팀 내에서 팀원들과 합심하여 게임을 진행하게 되고, 난이도 상은 다른 팀에게 직접 미션을 제시해 풀어가면서, 자연스럽게 전체 교육생 간에 소통이 이루어지록 유도한다. 소통과 화합은 단시간에 이루어지는 것이 아니다. 끊임없이 주고받는 과정 속에서 서로 간에 믿음이 생기고, 친밀감이 높아지면서 자연스럽게 소통력과 화합의 크기가 커지는 것이다.

두 번째 퍼즐게임

[진행]

첫 번째 퍼즐게임에서 제공되었던 퍼즐을 봉투에 담아 앞으로 제출하게 한 후 정돈된 분위기에서 두 번째 퍼즐게임을 설명한다. 두 번째는 팀 대항 게임으로, 각 팀에서 퍼즐을 직접 제작해 다른 팀에게 문제로 제공하고, 다른 팀에서 만들어진 퍼즐을 팀원들과 합심하여 최대한 빨리 완성하면 된다. 팀의 수가 여럿일 경우 첫 번째와 마찬가지로, 약 3번 정도 진행할 수 있다. 두 번째 게임에서는 지켜야 할 5가지 규칙이 있다. 이 규칙은 강사가 PPT에 작성하여 보여주면서 설명한다.

· 규칙 ① 퍼즐은 정확하게 20조각으로 만들되, 조각의 크기는 같거나 비슷해야 한다.
· 규칙 ② 전체의 그림은 누가 봐도 한눈에 알아볼 수 있는 연결된 그림이어야 한다.
· 규칙 ③ 퍼즐의 그림은 자랑스러운 우리 회사(또는 자랑스러운 우리 팀, 우리 회사의 멋진 비전 등)를 상징하는 그림이어야 한다.
· 규칙 ④ 각 팀별로 퍼즐을 만드는 시간은 정확하게 제공한다. 보통 20분 정도이며 상황에 따라 가감할 수 있다.
· 규칙 ⑤ 퍼즐을 만드는 동안 다른 팀에서 보지 못하도록 철저하게 보안을 지켜주어야 할 것을 당부한다.

이 게임을 통해서는 자랑스러운 회사에 대한 다양한 모습을 팀별 작품을 통해 볼 수 있다. 마무리하는 멘트로 "퍼즐이 조각 하나만으로는 완성될 수 없듯이, 청중 모두의 노력으로 회사가 성장하고 발전할 수 있다"라는 메시지를 전해주면 더욱 의미 있는 게임이 될 수 있다.

강의에 적용할 수 있는
SPOT 7. 해피 바이러스

준비물 서로 다른 행복의 문구가 적혀있는 종이(인원수에 맞게 넉넉히 준비), 투명테이프

언제 청중의 집중도가 떨어졌다 생각될 때
점심식사 이후 졸음이 몰려올 때
청중 사이에 친밀도를 높이고자 할 때

진행

인원수에 맞게 서로 다른 행복의 문구가 적혀있는 용지를 준비한다. 강사는 쉬는 시간 등을 이용하여 테이블 인원수에 맞게 용지를 나누어 준비한 후 강의가 시작되면 각 테이블에서 한 사람씩 나와 가져갈 수 있도록 유도한다. 여기서 중요한 것은 이들이 자리로

돌아가서 바로 용지를 나눠주지 않도록 테이블 중앙에 뒤집어서 놓도록 당부하는 것이다. 모든 것은 스스로 선택하여 뽑도록 유도하되, 자신이 뽑은 용지의 내용은 무조건 외워야 한다고 미리 안내한다.

테이블마다 한 장씩 용지를 다 가져갔다고 생각되면 외울 수 있도록 약 1분 정도의 시간을 주고, 1분 후에 자신이 선택한 용지의 문구를 팀원들에게 자신의 생각과 함께 이야기하도록 유도한다. 본인이 선택한 행복의 문구와 그에 대한 자신의 생각을 팀원들에게 설명해 주는 것이다. 단, 자신이 발표를 시작할 때 반드시 "나는 해피 바이러스다!"라고 외친 후 시작할 수 있도록 설명한다.

모든 사람의 발표가 끝나면 해피 바이러스를 전해준 동료에게 박수를 보낸다. 또한 각자가 선택한 용지를 투명테이프를 이용해 벽에 붙이면서 이 공간을 행복 전시관으로 함께 꾸며 볼 것을 주문한다. 마지막으로 행복에 대한 의미를 서로 되새겨보는 좋은 구절을 통해 감동을 주고, 평소에 관련된 문구를 약 50~60개 정도 모아 출력한 후 코팅해 둔다면 최소 10회 이상은 강의에서 두루 사용할 수 있다.

강의의 기술

강의에 적용할 수 있는 SPOT 8. 종이비행기

준비물) 개인별 A4용지 한 장씩

언제) 창의력과 관련한 강의 진행 시

잠이 스르르 올 만한 교육 시간대

쉬는 시간을 마치고 강의 시작하면서

진행

먼저 개인별로 A4용지를 한 장씩 나누어준다. 종이비행기 SPOT은 아주 간단하다. 참가자들에게 '가장 멀리 날아가는 종이 비행기'를 만들 것을 요청하기만 하면 된다. 3~5분의 시간을 제공하고 종이비행기를 만들게 한 후, 팀 또는 그룹별로 한 사람씩 앞으로 불러내 앞에서 뒤를 향해 종이비행기를 날리도록 진행한다.

가장 멀리 날아가는 종이비행기를 만든 청중을 시상한 후, 어떻게 이 모형으로 만들 생각을 했는지 인터뷰를 하며 마친다.

"같은 종이로 비행기를 만들었음에도 각자 모양이 다르고, 날아가는 힘도 다르다. 이 말은 곧 참가자 각자의 생각이 다르고, 가치관도 다르며, 가진 힘의 크기도 다르다는 말과 같다. 창의란, 무에서 유를 만드는 것이 아니라 기존의 유에서 또 다른 유를 만들어 내는 것"이라는 메시지를 전달하며 마무리하는 것도 좋다.

사실 이 SPOT의 내용은 글로벌 그룹 A사에서 신입사원을 채용할 때, 실제 출제된 문제이다. 채용에 참가했던 수많은 지원자가 멋지게 종이비행기를 만들어 날렸지만, 실제 이 면접에서 가장 좋은 점수를 받은 사람의 종이비행기는 야구공처럼 동그랗게 구긴 모양이었다.

강의에 적용할 수 있는
SPOT 9. 황금 밸런스 찾기

[준비물] 전지, 보드마카

[언제] 커뮤니케이션 관련 강의

리더십 관련 강의

강의에 활력을 넣어야 하는 순간

[진행]

황금 밸런스 찾기 SPOT은 어느 쪽이 옳다고 말할 수 없는 것의 예시를 주고받는 SPOT이다. 테이블 중앙에 전지와 보드마카를 이용해 약 3분의 시간을 주고 팀원들과 상의하여 최대한 많이 상반되는 무엇을 적도록 유도한다. 예를 들어, 짬뽕과 짜장, 부먹과 찍먹, 산과 바다, 여름과 겨울, 봄과 가을, 소주와 맥주 등이다. 조금

CLASS 05. 강의를 더욱 재미있게 만드는 11가지 SPOT   221

만 생각해 보면 무수히 많다. 적는 시간이 종료되면 개인별 혹은 팀별로 황금 밸런스 찾기 게임을 시작한다.

예를 들어, A가 "짬뽕"이라고 말하면 B는 "짜장", B가 "부먹" 하면 A는 "찍먹"을 말하는 것이다. 서로 공격권을 주고받으며 진행하되, SPOT에 활력을 돋우기 위해 공격은 3초 이내에, 방어는 1초 이내에 답변하도록 한다. 1:1 진행이 끝나면 팀별로 모여 전지에 황금 밸런스에 적합한 내용을 정해진 시간 안에 최대한 많이 적는 방향으로 재미있게 진행해 본다. 가장 아름다운 황금의 비율을 황금비(1:1.618) 또는 황금비율이라 말한다. 황금 밸런스 찾기 스팟은 누구나 공감할 수 있는 소재를 가지고 서로 다른 견시관이 존재한다는 것을 생각해 보는 게임이다. 특별한 도구 없이도 또는 아주 간단한 도구 몇 가지만으로도 강의를 풍성하고 재미있게 할 수 있는 스팟을 충분히 진행할 수 있다. 중요한 것은 메시지다.

강의의 기술

강의에 적용할 수 있는
SPOT 10. 사인 받기 게임

[준비물] 개인별 볼펜과 A4용지 한 장

[언제] 전체 교육 과정의 첫 시작 또는 강의를 시작할 때

　　　　청중 간의 빠른 라포 형성이 필요할 때

[진행]

　참가자 전원에게 준비된 종이와 펜을 나눠준 후, 강사가 설명하는 조건에 부합되는 사람을 찾아 인사를 나누고 사인을 받아 모으는 게임이다. 처음에는 쉽게 제시하다가 조금씩 난이도를 높여가는 것이 좋다. 예를 들어, 같은 성을 가진 사람의 사인이나 같은 연령대의 사람의 사인을 받게 하다가 나와 키가 비슷하거나 유사한 사람, 나와 같은 음식을 좋아하는 사람 등으로 난이도를 높인다. 주

의할 점은 강사가 최소 10개 이상의 미션을 준비하는 것이 좋으며, 각 미션마다 약 1분의 시간만 할애하고 다음 미션으로 바로 넘어가는 것이 좋다.

　사람과 사람이 가장 빨리 가까워질 수 있는 방법 중 하나가 유사성으로 묶어 버리는 것이다. 유사성이란, 말 그대로 유사한 성질의 것을 의미하고, 교육 참가자들 간에 유사한 성질의 것을 스스로 찾게 하여 동질감을 느끼게 할 수 있다면, 참가자들 간에 빠른 라포 형성이 가능해진다. 사인 받기 게임은 강사의 진행하에 참가자들이 스스로 유사성을 찾아 빠르게 친밀감을 형성할 수 있는 게임이다. 특별한 도구 없이 볼펜과 종이만 있으면 진행이 가능하고 짧은 시간에 빠른 효과를 볼 수 있는 장점이 있다.

강의에 적용할 수 있는
SPOT 11. 60초 신문지 탑 쌓기

[준비물] 팀별 신문지 1부, 투명테이프

[언제] 팀워크 및 커뮤니케이션 강의

목표설정 및 실행력 강의 등에서 활용

[진행]

팀별로 신문지 1부와 투명테이프를 제공한 후 게임 설명에 들어간다. 주어진 시간은 단 1분이며, 60초 안에 3가지 조건을 만족시키는 탑을 만들도록 하는 스팟이다. 여기서 3가지 조건이란 '최대한 높고, 안정적이며, 상징성을 담고 있어야 한다'는 것인데, 상징성은 강의 주제에 맞춰 팀워크, 비전, 교육의 목적 등으로 응용해 정한다.

바로 미션에 들어가게 되면 실패할 확률이 높아지므로 정확히

5분의 전략 시간을 주고, 이때 참여자들이 미리 신문지로 모형을 만들어 보지 못하도록 주의시킨다. 5분의 전략 시간이 지나면 바로 60초 미션을 시작한다. 진행자는 10초 간격으로 남은 시간을 알려주면서 위기감과 긴장감을 고조시킨다. 진행 경험상 60초가 지나도 대개의 팀들이 완성하지 못한다. 진행자는 "시간은 다 되었지만 시작만큼 중요한 것이 끝맺음"이라는 것을 강조하며, 추가 시간을 주어 모든 팀이 탑을 완성해 나갈 수 있도록 유도한다.

모든 팀에 탑이 완성되면 진행자는 2가지 질문을 한다. 첫 번째 질문은 "미션을 진행하면서 우리 팀이 가장 잘한 것은 무엇인가?"이고, 두 번째 질문은 "우리 팀이 가장 부족했던 것은 무엇인가?"이다. 각 질문에 대해 인터뷰를 진행한 후 발표자를 선정하고, 각 팀이 만들어 낸 탑의 상징성에 대해 발표를 듣는다. 모든 팀의 발표가 끝나면, 각 팀의 MVP를 선정해 만들어진 탑을 MVP에게 선물로 제공한다.

이 스팟은 진행자의 설명 후 참여자의 전략 수립 및 실행, 진행자의 피드백, 상징성 발표까지 약 30분의 시간이 소요된다. 진행자로서 주의할 사항은 이 게임은 어디까지나 스피드가 관건이기에 보다 더 다이내믹하게 진행될 수 있도록 빠르게 진행하는 것이다. 60초라는 시간 안에 원하는 결과를 만들어 낼 수 있도록 이끌어내는 게임으로서 짧은 시간 안에 전략을 수립하고 실행 후 피드백까지 완벽하게 구현해 낼 수 있다.

제주도는 싫어요!

수년 전까지만 해도 제주도에서 강의하는 것이 소원이었다. 긴 시간 동안 다른 강사들은 몇 번이나 다녀왔다던 제주도인데, 나에게는 단 한 번도 기회가 오지 않았다. 때마침 모 공기업에서 진행하는 교육프로그램에 강사로 초빙되었고, 장소는 "제주도"라는 말에 어찌나 기뻤는지 담당자에게 크게 웃으며 감사의 말을 전하기도 했다. 짧은 2시간의 특강을 마치고 담당자가 잡아 준 곳에서 하루를 묵으며, 제주에서의 추억을 만들 생각에 설레기도 했다. 강의는 오후 2시경에 시작되기에 김포공항에서 아침 일찍 출발하는 비행기표를 예약하고, 온 정성을 쏟아가며 강의를 준비했다. '제주도에서 숙식비와 교통비까지 받으면서 강의할 수 있는 날이 언제 또 올까? 이렇게 좋은 기회를 주신 분들을 위해서라도 열심히 준비하자!'라는 마음뿐이었다.

드디어 제주로 출발하는 날, 설레는 마음으로 준비를 하고 김포공항으로 향하는 리무진 버스에 승차했다. 창가에 앉아 여러 가지 즐거운 상상을 하고 있는데, 운치 있게 빗방울이 차창을 두들기기 시작했다. 좋아하는 발라드 음악을 들으며, 살포시 내리기 시작하는 빗방울을 즐기는 그 순간에도 나는 잠시 후에 펼쳐질 악몽과도 같은 시간을 전혀 상상하지 못했다. 어느새 빗방울은 조금씩 커지기 시작했고, 하늘에서는 천둥소리와 함께 번개가 치기 시작했다. 공항에 도착해 탑승수속을 마치고 대기하는 중에 안내 방송이 들리기 시작했다. '기상 악화로 인해 비행기 이륙이 잠시 연장되었다'는 방송이었다.

길어봐야 한 시간 후에는 출발하겠지 생각했던 비행기는 안내 방송 이후 전혀 이륙할 생각이 없었다. 앞이 보이지 않을 정도로 많은 비가 내리니 승객들의 안전을 위해서라도 출발이 지연되는 것은 당연해 보였다. 하지만 문제는 내가 강의에 늦는다는 점이었다. 나름대로 여러 가지 상황을 고려하여 매우 일찍 출발했음에도 어느덧 시간은 흘러 지각을 걱정해야 되는 상황이 되고 말았다.

급히 전화를 걸었다. 담당자에게 상황을 설명하고, 조금 늦을 수도 있을 것 같다는 말을 전했다. 강사에게 지각이란 절대로 있어서는 안 되는 일이기에 마치 죽을죄를 진 것 같은 마음이었다. 다행히도 담당자는 크게 웃으며 괜찮다는 말만 전해왔다.

어느덧 시간은 흘러 점심시간이 다가오기 시작했다. 지금이라도 출발해야 어떻게든 딱 맞춰 들어갈 수 있을 것 같은데, 이제 여기서 10분이라도 더 늦어지면 100% 지각이었다. 결국 애석하게도 비행기는 원하는 시간에 출발하지 못했다. 다시 담당자에게 전화를 걸었다. 무슨 말을 어떻게 꺼내야 할지 모를 정도로 미안함이 몰려 왔다. 그러나 내 걱정과는 달리 담당자의 목소리는 매우 유쾌했다.

"하하하, 강사님 괜찮습니다. 믿으실지 모르지만, 저희도 아직 김포공항입니다."

교육생들이 탈 비행기도 이륙하지 못하는 상황이었고, 결과적으로 제주에 도착 후 택시를 타고 강의장으로 서둘러 이동했지만, 오히려 내가 강의장에서 한 시간을 넘게 기다려야 했다. 내 강의는 자연스럽게 뒤로 밀리고 밀려 저녁시간 전에 1시간 특강으로 진행되었다. 모든 강의를 마친 후 여유는커녕 숙소에 돌아와 쓰러질 수밖에 없었다.

그 후로 나는 강의가 몇 시에 시작되든 제주도 강의는 무조건 하루 전날 도착한다. 그래서 내게 제주 강의는 썩 좋지만은 않다. 적게는 하루종일, 많게는 최대 3일까지 소요될 수 있기 때문이다. 그래도 제주는 아름답고 사랑이 꽃피는 곳이라는 사실은 변함이 없을 것이다.

부록

+ 강의 필수 물품
+ 강사가 절대 하지 말아야 할 실수
+ 절대 되어서는 안 될 강사의 유형
+ 강사를 위한 발음 연습 문장

강사라면

반드시 알아야 할 것들

강의 필수 물품

　'이 정도의 준비는 당연한 거 아닌가?'라고 느껴질 수 있는 글이지만, 의외로 이러한 당연한 것들을 미처 준비하지 못하는 강사를 위해 반드시 챙겨야 할 필수 물품을 정리해 본다.

　첫 번째는 노트북이다. 간혹 강의장에 노트북이나 컴퓨터가 마련되어 있는 장소도 있을 수 있지만, 반드시 강사 개인적으로도 챙겨야 할 물품이다. 강의장에서는 사실 어떤 일이 어떻게 발생할지 알 수 없는 곳이다. 따라서 비상시를 대비하기 위해서라도 노트북은 반드시 가져가야 한다. 노트북과 더불어서 챙겨야 할 것이 바로 전원케이블이다. "에이, 그런 것까지 준비해야 한다고?" 할 수 있지만 늘 설마가 사람을 잡는 법이다.

세 번째로 챙겨야 할 물품은 강의 자료가 담긴 USB다. 항상 강의 자료는 노트북과 USB 두 군데에 저장해둔다. 네 번째는 RGB 젠더와 HDMI 젠더이다. 강의장에서 어떤 젠더가 필요할지 알 수 없으므로 반드시 2개를 함께 챙긴다. 어떤 환경이라도 척척 강의 준비를 하는 모습과 "이게 없네요, 혹시 가지고 계신 게 있나요?" 하며 도움을 요청하는 강사의 모습은 주최 측에서 다르게 볼 수밖에 없다. 강의장에서 구하려 하지 말고 가능하면 내가 다 준비해가는 것이 백 번 천 번 낫다.

다섯 번째로 챙겨야 할 물품은 스마트 포인터다. 간혹 강의장 (교육장)에 비치되어 있기도 하지만 강사의 손에 익숙한 포인터를 쓰는 것이 최고다. 쥐고 있기에도 어색한 포인터를 들고 있으면 괜히 긴장이 되어서 버벅거리게 될 수 있다. 여섯 번째 준비물은 건전지다. 마우스나 스마트 포인터에 들어가는 건전지는 여분으로 꼭 갖고 다녀야 한다.

일곱 번째 준비물은 신분증이다. 흔한 경우는 아니지만 신분증이 있어야 출입이 가능한 곳이 있다. 누구나 신분증은 상시 소지하지만 중요한 때에 없는 경우도 비일비재하므로 반드시 챙기는 습관을 들이는 것이 좋다. 다음은 메모 노트와 펜이다. 『퍼스트클래스 승객은 펜을 빌리지 않는다』라는 책 제목도 있듯 메모지와 펜을 가지고 다니는 것은 기본 중에 기본이다. 게다가 꼭 없을 때 적을 일이 생기기 때문이다.

강의의 기술

아홉 번째 준비물은 명함이다. 담당자와 인사를 나눌 때 반드시 필요하다. "아, 명함을 깜박하고 두고 왔네요. 죄송합니다. 제가 다음에 드리겠습니다"라는 말을 하게 되지 않도록 명함이 얼마나 남아 있는지를 수시로 체크하는 것도 중요하다. 마지막으로 당이 떨어질 때를 대비한 작은 초콜릿이나 사탕도 가방 속에 몇 개 넣어두자.

　챙길 것이 참 많다고 생각할 수 있다. 하지만 없어서 곤혹스러운 것보다 꼼꼼히 준비해서 인정받는 것이 더 좋지 않을까 싶다.

강사가 절대 하지 말아야 할 실수

강사로서 강의를 잘하는 것이 가장 중요하지만, 강사로서 하지 말아야 할 실수를 하지 않는 것도 매우 중요하다. 실수를 하지 않는다는 것은 강의평가에서 기본적으로 중간 이상을 받을 수 있다는 말과 같다.

1. 모든 강의 준비는 강의 시작 최소 10분 전에 완료해야 한다. 강의 준비가 끝나자마자 강연을 시작하지 않도록 주의한다.
2. 실제로 재미를 위해 육두문자를 써가며 강의하는 분들이 있는데, 그건 순전히 착각이다.
3. 명령하는 듯한 어법을 피한다. 모든 강의는 압존법(앞에 계시

는 분을 존중하는 어법)을 사용한다. 손동작이나 눈빛 등 육체적 표현을 포함하여 마음가짐 또한 마찬가지다.

4. 몸의 방향은 항상 청중을 바라본다. 스크린을 향해 청중에게 등을 보이지 않도록 주의한다.

5. 본인의 컨디션이 안 좋아서, 어제 너무 일이 많아서, 먼 길을 내려와서 등의 자기 사정을 이야기하며 청중에게 동정표 구하지 않는다.

6. 쉬는 시간에 껌을 씹거나 청중이 보는 곳에서 흡연하는 등의 행위를 절대 금물이다.

7. 강의 자료나 강의 준비물 등을 빠뜨리거나 제대로 준비하지 않는 것은 실례 중에 실례이다.

8. 강의를 할 때는 정치나 종교에 대해 언급하지 않는다.

9. 성차별 등과 같이 청중이 차별받고 있다고 느낄 수 있는 모든 표현을 금한다.

10. 무분별하게, 수시로 자기 자랑을 하지 않는다.

11. 훈계나 지적질을 피한다.

12. 강연 중에는 절대 자리를 비우지 않는다.

13. "준비한 내용은 많지만, 시간이 워낙에 짧아서"라는 멘트는 오히려 자신의 능력을 깎아 먹는다. 피치 못할 상황을 제외하고는 절대로 하지 말아야 할 멘트이다.

14. 강의 전날에는 술을 입에 대지 않는다. 술 냄새를 풍기며 강

의를 해서는 안 될 것이다.

15. 강연 중에는 무조건 손바닥이 위로 가게 하고, 손가락질을 하지 않도록 주의한다.

16. 강연하는 곳과 첨예하게 경쟁하는 경쟁사를 언급하는 실례를 범하지 않도록 한다.

17. 강의 PPT에 회사 이름을 제대로 기입했는지 확인한다.

18. 강연 중에 회사명이나 단체명을 다르게 표현하지 않도록 신경 쓴다.

19. 청중에게 대답하기 어렵거나 곤란한 질문을 던지지 않는다.

20. 남자 강사들은 항상 본인의 바지 지퍼를 잘 올렸는지 확인한다.

21. 자신이 사용한 종이컵이나 강연 중에 어질러진 부분은 깨끗이 정리한다.

22. 청중과 청중을 서로 비교하는 뉘앙스의 멘트를 하지 않는다.

23. 사전 협의된 바 없이 준비한 강의 내용과 교재가 다르게 제공되지 않도록 주의한다.

24. 강의와 관련 없는 쓸데없는 이야기로 시간을 때우지 않는다.

25. 강사에게 있어 지각이란 절대 있을 수 없는 일이다.

강의를 잘하기 위해 좋은 콘텐츠를 만들고 강의력을 훈련하는 것도 중요하지만 강사로서 보이지 말아야 할 실수를 없애는 것도

매우 중요하다. 청중은 강연 내용보다 강사의 태도를 통해 더 많은
영감을 받고, 감동한다는 사실을 기억하자!

절대 되어서는 안 될 강사의 유형

"스승의 그림자도 밟지 말아라!"

가르침을 받는 제자의 입장에서 스승에 대한 존경의 마음을 이보다 더 잘 표현한 문구는 없을 것이다. 그만큼 가르침을 주는 사람은 사회적으로 존경받았으며, 스스로도 자부심과 명예욕이 대단히 높을 거라 생각된다.

대학원을 다닐 때 이야기다. 수업 도중 자기소개의 시간에서 나는 현재의 직업과 소속, 그리고 협회에서 교수로 활동하고 있음을 말씀드렸다. 그 순간 교수의 눈빛에서 난 보았다.

'감히 교수라는 타이틀을 어디에 갖다 붙여?'

아집과 독선을 벗어나면 세상 모든 것이 교수이고, 가르침을 주는 것으로 가득함을 우리는 알아야 한다. 그런 의미에서 강사는 교수 이상으로 타인에게 지대한 영향력을 발휘하며, 지식과 경험을 나누고 이를 통해 긍정적 변화를 촉진시키는 존재들이다. 그렇기에 누구나 다 좋은 강사가 되려고 하지만, 누구나 다 좋은 강사가 되기는 어려운 것이다. 다만, 이런 강사는 되지 않아야 할 것이다.

첫째, 물욕이 가득한 강사는 되지 말자.

강의 전에 강사료에 대해 어떻게 이야기를 나누었는지 몰라도, 강의에 들어서는 순간 물욕이 아닌 진심으로 청중을 위하고 청중을 위하는 강의를 펼쳐나가는 강사가 되자!

둘째, 가식이 가득한 강사는 되지 말자.

보이는 것과 보이지 않는 것이 일치하는 강사가 되자. 삶과 강의가 불일치한 가식의 강의는 결국 청중에게 언젠가는 들통이 나고, 청중에게 실망을 안겨 줄 뿐이다.

셋째, 남의 것으로 강의하는 강사는 되지 말자.

내가 가진 지식과 경험으로 강의하는 강사가 되자. 부득이하게 타인의 것으로 강의하게 된다면, 양심에 걸림이 없도록 철저하게 사전 협의해야 할 것이고, 타인의 것이 온전한 내 것처럼 될 때까지 연습하고 또 연습하여 강의해야 할 것이다.

넷째, 책만 파는 강사가 되지 말자!

강사는 학자가 아니다. 책을 통해 배워야 할 것이 있다면 경험을 통해 배워야 할 것이 있고, 스스로 밤새워 가며 연구하여 얻어

내야 할 것들이 있다. 죽어있는 강의가 아니라 살아있는 강의가 될 수 있도록 매 순간 노력하는 강사가 되자.

다섯째, 게으른 강사가 되지 말자!

청중에게 건강한 모습으로 비춰지는 강사가 좋을까? 게을러서 비만한 모습으로 비춰지는 강사가 좋을까? 청중은 멋진 강사에게 멋진 강의를 듣고 싶어 한다. '강의만 좋으면 되지?'라고 생각한다면 천만의 말씀이다. 건강한 몸으로 강의를 시작하는 것 또한 청중을 위한 강사의 마음이고 선물이다.

좋은 강사가 되고자 한다면, 좋은 강사가 되기 위한 땀방울이 필요하다. 이것이 강사로서의 직업적 마인드이고 업의 철학이며, 강사로서 살아가는 사람들의 자부심이다.

강사를 위한 발음 연습 문장

1.

가 갸 거 겨 고 교 구 규 그 기

나 냐 너 녀 노 뇨 누 뉴 느 니

다 댜 더 뎌 도 됴 두 듀 드 디

라 랴 러 려 로 료 루 류 르 리

마 먀 머 며 모 묘 무 뮤 므 미

바 뱌 버 벼 보 뵤 부 뷰 브 비

사 샤 서 셔 소 쇼 수 슈 스 시

아 야 어 여 오 요 우 유 으 이

자 쟈 저 져 조 죠 주 쥬 즈 지

차 챠 처 쳐 초 쵸 추 츄 츠 치
카 캬 커 켜 코 쿄 쿠 큐 크 키
타 탸 터 텨 토 툐 투 튜 트 티
파 퍄 퍼 펴 포 표 푸 퓨 프 피
하 햐 허 혀 호 효 후 휴 흐 히

2. 차프토트킨과 치스차코프는 라흐마니노프의 피아노 콘체르
   토의 선율이 흐르는 영화 파워트레이트를 보면서 켄터키 후
   라이드 치킨, 포테이토칩, 파파야 등을 포식하였다.

3. 우리 집에 안 깐 깡통이 두 개 있고 깐 깡통이 한 개 있습니
   다. 깡통은 깐 깡통과 안 깐 깡통 등 모두 세 개입니다. 우리
   집에 깐 콩깍지와 안 깐 콩깍지가 있는데 깐 콩깍지는 많고
   안 깐 콩까지는 적습니다.

4. 내가 구름 그린 그림은 뭉게구름 그림이고 네가 구름 그린 그
   림은 새털구름 그림이다.

5. 춘천 공작창 창장은 편창장이고 평촌 공작청 청장은 황창장
   입니다.

6. 안 촉촉한 초코칩 나라에 살던 안 촉촉한 초코칩이 촉촉한 초코칩 나라의 촉촉한 초코칩을 보고 촉촉한 초코칩이 되고 싶어서 촉촉한 초코칩 나라에 갔는데 촉촉한 초코칩 나라의 문지기가 "넌 촉촉한 초코칩이 아니고 안 촉촉한 초코칩이니까 안 촉촉한 초코칩 나라에서 살아"라고 해서 안 촉촉한 초코칩은 촉촉한 초코칩이 되는 것을 포기하고 안 촉촉한 초코칩 나라로 돌아갔다.

7. 봄 꿀밤 딴 꿀밤 가을 꿀밤 안 딴 꿀밤

8. 넉 섬이 넉지에 널따랗게 널으니 넓던 널방석이 널뛰기도 모자라게 되었다.

9. 경찰청 철창살은 외철창살이냐 쌍철창살이냐 경철청 철창살이 쇠철창살이냐 철철창살이냐 검찰청 쇠철창살은 새쇠철창살이냐 허쇠철창살이냐 경찰청 쇠창살 외철창살 검찰청 쇠창살 쌍철창살

10. 다수의 콩쿠르 퍼포먼스 수상에 빛나는 남성 3중창팀은 회식자리에서 참치꽁치찜과 단팥맛통찐빵, 찰떡 쿵떡 콩떡을 먹었다.

11. 군항제 벚꽃놀이는 낮 봄 벚꽃이든 밤 봄 벚꽃이든 안 한다더라.

12. 파 누른오갈병에 걸린 파는 생육 불량, 꽃대의 기형, 위축의 증상이 나타난다.

13. 왕이 붕당정책 탕평책을 펼칠 때 농촌진흥청 송영랑 과장은 집밥백선생을 보면서 철판숯불바베큐스테이크를 만들었다.

14. 상담담당선생님이신 곽관순 선생님이 미용실에서 내츄럴 웨이브로 세팅하고 투톤 옹브레헤어 연출을 할까 고민 중이다.

15. 생각이란 생각하면 생각할수록 생각나는 것이 생각이므로 생각하지 않는 생각이 좋은 생각이라 생각한다.

16. 현재 국립중앙박물관에 있는 국보 제92호 청동은입사포류수금문 정병과 홍전리사지 정병은 한국 청동정병의 은입사 기법을 보여주는 귀중한 유물이다.

17. 닭발바닥은 싸움닭발바닥이 제일 크고 밤발바닥은 쌍밤발바닥이 제일 크다.

18. 칠월칠일은 평창친구 친정 칠순 잔칫날

19. 슈투트가르트는 독일 남서부 바덴뷔르템베르트주에 자리
    잡고 있는 뷔르템베르크 백작이 거주했던 도시로 현재는 포
    르쉐와 벤츠의 도시로 유명합니다.

20. 도토리가 문을 도로록 드르륵 두루룩 열었는가? 드로록 도
    루룩 두르륵 열었는가?

21. 작은 토끼 토끼 통 옆에는 큰 토끼 토끼 통이 있고, 큰 토끼
    토끼 통 옆에는 작은 토끼 토끼 통이 있다.

22. 길음역 길음 사거리 길음 기린 전문 그림학원 옆에 있는 길
    음 기린 전문 동물원

23. 봄맞이 바겐세일을 하는 백합 백화점 옆 백화 백화점과 백
    화 백화점 옆 백합 백화점에서 철수 책장 새 철책장과 칠수
    책상 새 철책상을 구입했다.

24. 맛있는 송이버섯 새송이버섯 팽이버섯 버섯버섯 표고버섯
    배가 신은 전통버선 독버섯 버선버선 버섯버섯 맹독성 붉은

사슴뿔버섯과 큰갓버섯 그리고 일본독우산버섯 독버섯

25. 콩 까지 마 거리에서부터 안 깐 콩깍지 거리까지 깔은 깐 콩
    깍지 위에 큰 까만 까마귀와 까만 큰 까마귀가 깍지를 끼고 깐
    콩깍지, 안 깐 콩깍지 구분 없이 큰 콩만 콕콕 까먹고 있다.

26. 스미스 씨는 김식사 씨네 시내 스시 식당에서 싱싱한 샥스
    핀 스시와 삼색샤시 참치스시를 살사 소스와 슥슥샥샥 샬샬
    이 비빈 것과 스위스산 소시지를 샤샤샷 싹 쓸어 식사를 하
    였다.

27. 벨기에 브뤼셀에서 이뤄진 스가 요시히데 일본 관방장관과
    왕관중 중국 인민해방군부총참모총장의 회담

28. 우유 성분 함유율은 칼슘 함유량이 철분 함유량보다 높은
    가, 철분 함유량이 칼슘 함유량보다 높은가.

29. 김수한무 거북이와 두루미 삼천갑자 동박삭 치치카포사리
    사리센타 워리워리세부리캉 두무셀라 구름이 허리케인 담
    벼락 서생원에 고양이 바둑이는 돌돌이

30. 편집성 정신분열증으로 인한 망상 및 환각 증가와 향정신성
    약물 생산현황

31. 작은 용 이름 용룡 큰 용 이름 룡용 박 법학박사 뿔물 뿌리
    는 소 뿔물 뿌리고 곽 법학박사 뿔물 뿌리는 양 뿔물 뿌리다.

32. 변굼보 태굼보 성주패두 염만홍 같고 감영 뒷골의 암퀭이
    같고 냉동의 박수범이 같고 새절 중의 낙도 염불암 중의 포
    운이 삼막 중의 덕은이 같다.

MEMO

강의의 기술

초판 1쇄 발행 2020년 10월 31일
초판 2쇄 발행 2020년 12월 15일

지은이 최창수
펴낸이 정혜윤
편 집 조은아, 한진아
마케팅 윤아림
디자인 김윤남, 한희정
펴낸곳 SISO

주소 경기도 고양시 일산서구 일산로635번길 32-19
출판등록 2015년 01월 08일 제 2015-000007호
전화 031-915-6236
팩스 031-5171-2365
이메일 siso@sisobooks.com

ISBN 979-11-89533-41-0 13190